川端裕介
Kawabata Yusuke

# 忙しくても<br>なぜか余裕のある<br>先生にだけ<br>見えていること



明治図書

# まえがき

## 見方を変えると仕事に余裕が出て楽しくなる

教師として働いていて、次のような願いをもったことはないでしょうか。もし一つでも当てはまったら、その願いの実現に本書がきっと役立ちます。

- バリバリ仕事をこなしても余裕のある姿を見せたい
- 「すごそう」「デキそう」と思われたくはないけれど、仕事はしっかりこなしたい
- 他の先生方と仕事で違いを出したい／より満足できるような働き方をしたい
- 焦りをなくして穏やかに働きたい／競わずに自分なりの道を見つけたい
- よい意味で常識に囚われたくない／負担を減らす発想が知りたい
- 現場で結果を出して自信をもちたい／とにかく自分を変えたい

このような願いを抱くのは、教師としての在り方を模索している証拠であり、素敵なことです。ただし、多忙な学校現場で教師としての願いを叶えるのは、簡単なことではありません。その悩みを解決するのが、仕事に関する見方を変えることです。

そう言われても「見方を変えるだけで業務が変わらないなら、ただのごまかしではないか！」という考えが頭をよぎると思います。ごまかすつもりはありません。実際に見方を変えると、業務が改善されて楽になります。それは、次の三つの効果があるからです。

- 視野を広げると、見える景色が変わるので気持ちが楽になる
- 視点や視座を変えると新しい価値に気付くので、負担感が減る
- 見方を変えると考え方が変わり、行動の変化につながるので、結果的に楽になる

視野が狭いと、視野の外にある価値が見えなくなります。だから、視野を広げます。視点が限定されると、解釈の幅が狭くなります。そこで、視座を上げ下げし、複数の視点で仕事について考えることで、新たな価値を発見できます。目の付け所を変えましょう。

見方を変えると考え方が変わります。考え方が変わると、発言や行動が変化します。背

負わなくてもよい仕事を脇に置き、本当に背負うべきものに全力を尽くすためには、見方を変えることが効果的です。また、仕事の背負い方を変えることができると気付けば、同じ仕事でも負担は変わります。仕事を背負うことで鍛えられる力があると気付いたり、背負うことで助けられる人がいるとわかったりすれば、仕事の面白さが見えてきます。

私は、卒業担任・学年主任・教務主任・研究主任・部活動の主顧問を同時に抱えたことがあります。また、空き時間返上で学校全体の不登校対策に取り組んだこともあります。そして今は管理職です。傍目には多忙と言われる状況ですが、校務に加えて毎年1~2冊の単著を出し、講師として研修やセミナーに登壇しています。とても楽しく、職員室でも外でも笑顔で働いています。別に心身が丈夫なわけではなく、仕事への見方と考え方を工夫しているだけです。本書を通して、無理せず楽しく働くヒントが伝われば幸いです。

## 重さを感じるところから読み始める

本書は全6章で構成されています。第1章は「忙しくても余裕のある先生に見えていること」として基本原則を紹介します。仕事への認識を変えることで行動を変え、重たい仕事を軽くする発想法です。本書の土台になる章です。まずはこちらからお読みください。

第2章以降は、基本原則に沿って、重たく感じる仕事を軽くするためのポイントを分野別に示しています。順に読まない場合は、次の言葉から興味をもった章をお開きください。

・「校務分掌なんてしたくない」と感じたら→第2章「校務」
・「職員室にいたくない。教室にいたい」と感じたら→第3章「職員室の人間関係」
・「担任は楽しいことばかりだと思っていたのに」と感じたら→第4章「学級経営」
・「授業を工夫する暇なんてない」と感じたら→第5章「授業づくり」
・「あの先生ばかり目立って……」と感じたら→第6章「キャリアのプレッシャー」

学校は人とかかわり、人とつながる場です。本書では、かかわりを深めてつながりをつくるアイデアを、ほんの少し紹介しています。読者の皆様の手で「この子」たちや「うちの学校」に適した形に変えて試していただければ幸いです。

二〇二四年一〇月

川端　裕介

# もくじ

まえがき　3

第1章
忙しくても余裕のある先生に見えていること
～重たい仕事が軽くなる基本原則～

1　こだわりたいならこだわるな　16
2　自分らしさを出したいなら自分を疑え　20
3　王道を進みたいなら邪道を探れ　24

4 余裕を出したいなら仕事を減らすな 28
5 忙しいならゆとりを見つけよ 32
6 価値ある仕事をしたいなら今の仕事に価値を生み出せ 36
7 影響を与えたいなら控え目にせよ 40

## 第2章 「校務」が軽くなる

1 校務のゴールを問い直す 46
2 在り方にこだわるならやり方にこだわる 50
3 仕事は仕分けてから取り組む 54
4 want のために must を消化する 58

5 「べき」から離れるべき 62
6 完璧を目指さず課題を見つける 66
7 難しい仕事は簡単である 70
8 簡単に見える仕事は深掘りする 74
9 継続は力にならない 78
10 同じ結果なら新しい方を選ぶ 82
11 名もない仕事が学校を救う 86

## 第3章 「職員室の人間関係」が軽くなる

1 最悪の職員室を想像する 92

2　同僚と無理につるまない方が協力できる　96
3　同僚の力量を決めつけないと力を引き出せる　100
4　持ち味を出したければ合わせる　104
5　頼られたいならまず頼れ　108
6　経験は武器とは限らない　112
7　響きのよい言葉に流されない　116
8　空気を読まずに空気を換える　120

## 第4章　「学級経営」が軽くなる

1　最悪の学級経営から考える　126

2 学級経営をうまさで測らない 130
3 仕組みを変える仕組みをつくる 134
4 世話を焼かない温かさを広める 138
5 友達づくりを促さない 142
6 「みんな」をみんなにする 146
7 子どものキャラを決めつけない 150
8 前に出ないリーダーを育てる 154

## 第5章 「授業づくり」が軽くなる

1 今の授業の逆を想像する 160

2 「この子」と「この子」たちの学びを想像する 164
3 教材研究が授業準備を軽くする 168
4 細部にこだわらずに具体を見る 172
5 型にはめずにオーダーメイドする 176
6 一時間の授業で勝負しない 180
7 判定ではない評価をする 184
8 脱線に価値を見出す 188

## 第6章 「キャリアのプレッシャー」が軽くなる

1 今の環境にプライドをもてばブランド化できる 194

2　肩書きと偉さは関係ない　198
3　普通のキャリアは平凡ではなく王道である　202
4　憧れるなら真似しない　206
5　焦りを感じたらデータを探る　210
6　運のよさを信じる　214

あとがき　219

第1章

# 忙しくても余裕のある先生に見えていること

## ～重たい仕事が軽くなる基本原則～

# こだわりたいならこだわるな

1

## こだわりを前面に出すとうまくいかない

仕事に対するこだわりをもつのは、とても大切なことです。教育は子どもの未来に対する責任を負います。その責任を果たすために、専門家としてこだわりをもつことは、仕事の質が上がるきっかけになります。

ただし、**「こだわりをもつ」のと「こだわりを見せる」のは別の問題です。**こだわりを見せると、相手は「受け入れる」「従う」「拒む」「無視する」などの対応を迫られます。どの場合も、こだわりを見せられた相手はよい気持ちにはなりませんし、負担に感じるはずです。教師の仕事は一人で行うものではありません。波風を立てて、仲間に不必要な負担をかけることは避けましょう。

本当にこだわりをもって働くためには、慎重さが大切です。**こだわりたいなら、まずは**

**こだわりを出さずに胸に秘めておきます。**「いつも自分の願い通りに仕事をしたい！」というこだわりは捨てましょう。綿密な計画と丁寧な行動なくして、願いは叶いません。

## こだわりをコントロールする

周囲との軋轢を生まずに、こだわりをもって仕事をするには、どうすればよいのでしょうか。私は次のようにこだわりを絞った上で貫くことが効果的であると考えます。

> **①こだわりを絞る…将来のために今の学校で最優先にしたいこだわりを決める**
> **②こだわりを貫く…絞ったこだわりを様々な形で表現する**

一点目は、こだわりを絞ることです。あれもこれもではなく、大切にしたいことを「教師としてのこだわり」に定めましょう。こだわる基準は二つです。**「将来の自分のためになる」と「勤務校のためになる」**です。私の場合は「子どもをその他大勢にしない」というこだわりに絞っています。公教育を担う立場を自覚して、自分自身だけではなく、上司や同僚、子どもたちが納得できることをこだわりにしましょう。「何のためにこだわりた

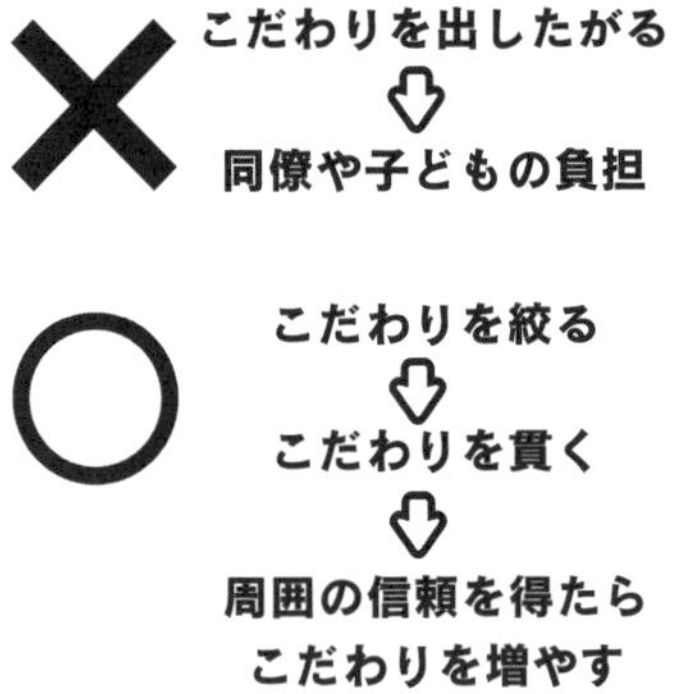

こだわりを見せずに秘めて貫く

いのか」と絶えず自問します。

二点目は、こだわりは貫き通すことです。それは「私は～にこだわっているので！」と宣言してこだわりをアピールするという意味ではありません。**言葉ではなく、行動で示します。**こだわりの見せ方にこだわり、行動で示して一貫性をもたせます。一貫した行動は、方向性が間違っていなければ他者からの信頼につながります。

こだわりを絞って貫くことで、周囲の見方は「わがままな先生」ではなく「仕事にこだわりをもって取り組む先生」と変わり、受容する雰囲気が広がります。すると、別のことを新たなこだわりとして出しやすくなります。右上の図のイメージです。こだわりは絞って貫きましょう。結果的に、職場におかしな風を吹かせずに、こだわりをもって働けます。

## ▼貫くのにふさわしいこだわりが見えてくる

こだわりを絞るよさは、本当に大切にしたいものが見えてくることにあります。例えば、

「定時退勤する」というこだわりに絞ったとします。実現のために行動を続けると、限られた時間と労力を効果的に配分することや、ワーク・ライフ・バランスの実現など、教師としての在り方にかかわるこだわりが見えてきます。そうすると、本当に大切にしたいのは定時退勤というより、時間を大切にすることだと判断でき、貫きたいこだわりが修正されるかもしれません。

私の場合は、二校目に勤務してから学級通信にこだわっていました。しかし、学級通信の工夫をする内に、一人でも多くの子どもにスポットライトを当てて、この子のすばらしさを伝えたいという思いが強くなりました。学級通信はただの手段であるとわかり、学級通信へのこだわりは薄れました。その代わりに「子どもをその他大勢にしない」というこだわりが生まれました。**最初に決めたこだわりにこだわらない**ことで、教師として目指したい在り方が見えてきます。

以上のように、教師としてこだわりたいことがあるなら、安直にこだわりを出さないようにしましょう。状況に応じて柔軟に対応するしたたかさが大切です。また、「本当にこだわりたいのはどんなことなのだろうか」と、心の中で問い続けましょう。大切にしたいことは、簡単には見つからないものです。

# 自分らしさを出したいなら自分を疑え 2

## 負の感情を原動力にすると目的を見失う

仕事がうまくいかない時に「もっと自分らしさを出したい」と思うことがあるかもしれません。そんな時には、心の奥底に潜む気持ちに目を向けましょう。「私のしたい仕事はこれではない」という不満や「本当はもっとできるのに……」という悔しさが見えてこないでしょうか。負の感情を動機にすると、その解消が目的になります。自分らしさが自分勝手になり、子どもや同僚の足を引っ張りかねません。予防として次の二つを意識します。

- **正当性**…発揮したいと考える自分らしさは、学校教育の目的の達成につながるか？
- **有用性**…教師が自分らしさを発揮することで、教育の質を高める効果があるか？

わがままと自分らしさの境界線の一つが**正当性の有無**です。この場合の正当性とは、学校教育の目的に沿っているという意味です。自分らしさが法的な目的とずれがなく、学校の教育目標の達成につながるのであれば、それを表に出す意味があります。

もう一つは**有用性**です。学校経営にプラスの効果が生まれるような自分らしさなら、周囲の理解と協力を得られることでしょう。その時の自分らしさは、一人の教師としての武器になります。自分らしさを出そうとする前に、「子どもや学校のためになるのか？」「同僚の役に立つのか？」と問うことが大切です。

## 仕事での自分らしさは変化する

そもそも、仕事に自分らしさを発揮するとは、具体的にどのようなことなのでしょうか。得意な分野や自信のある仕事に取り組むことでしょうか。それとも、性格に合った仕事をしたいということでしょうか。

例えば、私は初任の時は教科教育に力を入れたいと考えていました。授業で勝負をするという意識が強かったです。しかし、経験を積むごとに学級経営への関心が高まり、特に自治的な学級づくりに力を入れるようになりました。教壇で多数の子どもに語りかけて動かすことよりも、子どもたち一人一人とのかかわりを大切に考えるように変わりました。そして今は管理職となり、社会科の授業をすることもなければ、学級経営もできない立場になりました。私にとって「自分らしい働き方だ」と考える対象は、キャリアを積むたびに変化しています。自分らしさを固定的なイメージで捉えるべきではないと考えます。

## ▼見えている自分らしさの奥を探る

そもそも、ある特徴や行動の傾向を「自分らしさである」と捉えていたとしても、それは本当に自分らしさなのでしょうか。**自問して「自分らしさ」を疑いましょう。**

私たちは多様な側面をもちます。その多様さの中のどの部分を「自分らしさ」と認識しているのか、自問しましょう。そうすると、次の二つの側面が見えてきます。

**①見せたい自分がある**…我慢しているが、本当は外に出したいという気持ちが強い
**②なりたい自分がある**…理想とする姿に近付きたいという気持ちが強い

①は、仕事で見せたい姿があるものの、自制したり周囲が認めてくれなかったりする状

態です。②は、理想とする姿があるものの、現状では届いていません。問題は、①と②の区別ができていない場合です。「私はもっと仕事ができるのに、周りのせいで自分らしさを発揮できない」と不満をもつ人が、実は力量が伴っていないだけだったということがあります。見せたい自分だと認識していることが、実はなりたい自分であるという状態です。重たく感じていた仕事が、実は自身の力が足りないだけだったと気付くことがあります。

仕事をしていて「もっと自分らしさを出したい」と感じた時には、**自分らしさの奥にある不満や願望に目を向けましょう。**自身の弱い部分を自覚することは、苦痛を伴うことかもしれませんが、心の奥にある「本当になりたい自分」が見えてきます。上の図のようなイメージです。

自分らしさを求める気持ちを振り返って、気持ちの奥にあるなりたい自分の姿に目を向ける

足りないところを自覚すると、成長へのヒントが見えて、教師としての力を伸ばしたいという意欲が高まります。マイナスな感情を受け止めた上で、プラスに転じる道を見つけましょう。「自分らしさを出す」という言葉を入り口にして、教師として目指す姿を具体化させることが大切です。

# 3 王道を進みたいなら邪道を探れ

## 二つの王道の落とし穴を見つける

学校現場の「王道」と言える仕事とは、どのようなものでしょうか。私は次の二つの王道があると考えます。

- **教育公務員としての王道**…公的な方針や目標に合わせた仕事に力を入れる
- **学校の先生としての王道**…現場で評価されやすい仕事に力を入れる

一つ目は、公的な王道です。学習指導要領や文部科学省・自治体など行政の方針に沿った仕事に力を入れたり、学校の経営方針の実現を目指したりする働き方です。例えば、道徳の教科化に合わせて道徳の授業の充実に努めるような働き方です。改訂された生徒指導提要に沿って子どもとの接し方を工夫するのも、公的な王道を進もうとする例です。

二つ目は、現場の王道です。担任として安定的な学級経営をすることなど、実際の学校で周囲から高く評価される仕事に力を入れる状態です。私が教員になった二十年近く前であれば、中学校では生徒指導と部活動指導ができることが「学校の先生として一人前」として評価されていたように感じます。

これら二つの王道は交わる部分もありますが、相反する部分もあります。また、どちらも進もうとすると**落とし穴**があります。前者の教育公務員としての公的な王道は、接する子どもに合わせた調整ができていなかったり、同僚に過剰な負担をかけたりすることがあります。上昇志向が強くて足元が見えていない状況に陥ると、職場で浮いてしまいます。

一方の学校の先生としての現場の王道は、現場に即した道であるために、現状維持志向や横並びの圧力が強くなることがあります。例えば、怒鳴るような生徒指導や厳しい練習を課す部活動指導は時代遅れです。しかし、それらを「正しい」とする雰囲気が残っている職場があるかもしれません。職場の雰囲気を変える労力は凄まじいものがありますし、仕方ないとあきらめるわけにもいきません。もやもやした気持ちが残り、疲弊します。

いずれの場合も、王道の落とし穴にはまると子どものためになりません。教師としての力量を磨くことにもつながりません。

## 横道に逸れると王道の全貌が見える

学校現場で正しいとされる道には、落とし穴があります。その落とし穴を乗り越えて進むために、一度横道に逸れることを勧めます。王道を進む前に邪道を選ぶくらいの気持ちの方が、仕事はうまくいきます。

左の図のように、**横道に逸れることで進もうとしていた道が見えてきます。**距離を取ることで、王道の先にあるゴールや落とし穴を認識しやすくなります。

王道から意図的に外れて振り返ることで、王道を進む先のゴールや落とし穴などの全体像が見えてくる

例えば、私の場合は「子どもになめられないように厳しく接する」という指導に苦手意識がありました。子どもから「怖い」と言われる先輩を真似ようとしたこともありますが、うまくいきませんでした。その時に、強い言葉で叱責をする機会をできるだけ減らせないかと考える

ようになりました。そのためには、子どもが学校のきまりを納得して受け入れる手続きの方法や、状況に応じて変える仕組みが必要だと考えました。

そして、学級会を中心とした自治的な学級経営に力を入れるようになりました。また、「手がかかる」と思われている子どもの成長の瞬間や、「その他大勢」扱いされがちな子どもの活躍にスポットライトを当てるために、学級通信にこだわるようになりました。学級会も学級通信も身近では、力を入れる教員は少数派でした。力を入れる余裕がなく、関心も高くありませんでした。しかし、私がそれらの取組を徹底することで、学級の雰囲気は穏やかになり、子どもたちは伸び伸びと過ごすように変わりました。

そして、学級の秩序は教師の厳しさではなく、子どもたちが学級へ愛着と誇りをもつことで保たれると気付きました。私は横道に逸れたからこそ、大切なことに気付きました。

横道に逸れると、他にもよいことがあります。それは、同僚が進む先を客観的に捉えやすくなることです。このまま進めば穴に落ちそうな仲間を助けたり、軌道修正を促したりすることができます。孤独に邪道を進み続けるのではなく、現状の課題とゴールが見えたら、**王道に戻って仲間と共に前に進みましょう。**私たちが目指すべきは、目の前の「この子」たちのために、教育公務員としても学校の先生としても最善の道を進むことです。

# 4 余裕を出したいなら仕事を減らすな

## ▼仕事を捌くには仕事が必要である

学校では、同僚と同じ仕事をすることはほぼありません。校務分掌や担当する学年、教科が異なるからです。また、同じ仕事を繰り返すこともほぼありません。授業で同じ単元を扱う場合でも、学級によって進め方や結果は変わります。安定しているとされる身分ながら、仕事の内容は安定しないのが教職の特徴です。

校務分掌の重たさは、担当によって変わります。各分掌の主任になれば、業務量は一気に増えます。教務主任の抱える事務的な仕事の多さや、生徒指導事案が続く時の生徒指導主事の大変さは相当なものです。また、学級担任については、学級の状況が不安定だったり、個別の対応の必要な子どもが多かったりすると、授業時間外の仕事が大きく増えます。

学校組織としては、特定の個人に業務が偏らないようにすることが求められます。それでは、個人としてはどうすればよいのでしょうか。重たい仕事を断ればよいのでしょうか。

私は、仕事を減らさないことが仕事の効率化につながると考えます。

なぜなら、たくさんの仕事が目の前にあれば、仕事をうまく捌くトレーニングができるからです。仕事量が少ないと、効率的に働かなくても仕事を終えることができます。また、様々な仕事に慣れる機会が限られます。結果的に、担当の仕事に必要以上に時間をかけてしまいます。

## 仕事に対する見方を鍛える

山積みの仕事を前にして、闇雲に働いても時間がかかるだけです。次の三つの視点で**仕事に対する見方を鍛えて、仕事を捌く段取りを付けましょう。**

- **仕事の総量を把握する…**仕事を細分化し、関連する仕事をつないで構造化する
- **仕事にかかる費用を見積もる…**力量に応じて仕事にかかる時間と労力を判断する
- **仕事量の変化を想定する…**順調な場合から複雑化する場合まで幅広く想定する

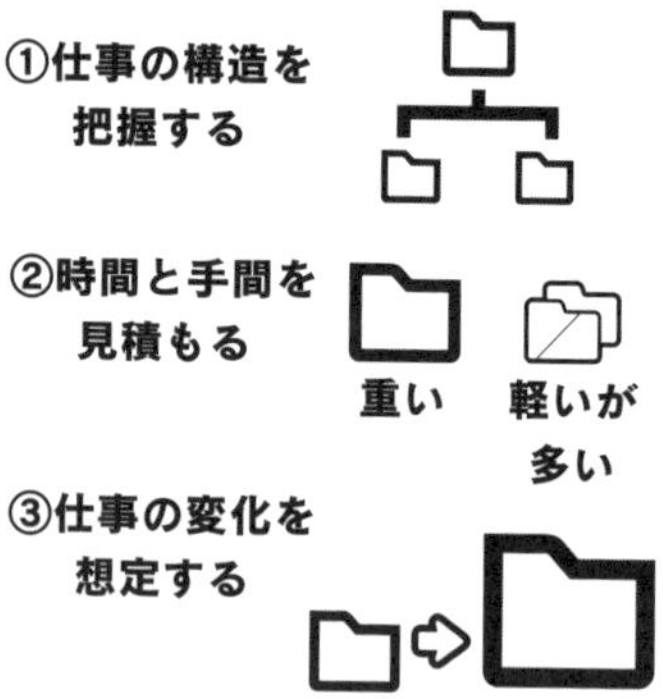


仕事の山と対峙すると、仕事に対する見方が鍛えられる

一つ目は、仕事を細分化や構造化しながら総量を把握することです。例えば、学級通信を発行する場合、慣れていないと原稿執筆の時間だけを仕事だと捉えがちです。しかし、実際は発行時期の決定、原稿の元になる活動の取材、掲載する情報の整理、レイアウトやデザインの調整、校正、管理職の点検、印刷もしくはデータ配信など、関連する仕事はたくさんあります。「学級通信を出す」という仕事を発行に至るまでの流れで構造化して、仕事の総量を捉えましょう。

二つ目は、仕事にかかる時間と手間を見積もることです。経験を重ねると、見立てが次第に正確になります。学校では複数人で行う仕事が多いため、同僚との調整の時間や同僚の仕事のペースを組み込めると、仕事の見通しが一段とはっきりします。

三つ目は、突発的な事態を想定することです。人とかかわる仕事のため、当初の見立てより仕事量が増えたり、簡単だと思っていた仕事が難しくなったりすることがあります。

教師の仕事は予定と変わるのが当たり前と考えて、事前に質的・量的な変化を想定して対策を練っておきます。準備をしておけば、状況が変化しても余裕をもって対処できます。

以上の三点は、仕事に対する見方を鍛える技です。**見方を鍛えるためには、実際に仕事の山を目にする経験が必要です。**だからこそ、心身に過度の負担のない範囲で、たくさんの仕事を同時にこなす経験には意味があります。仕事の全貌が見えた上で効率化できると、他者と比べて業務量が多いのに、時間と心に余裕をもって働くことができます。

## 業務以外の仕事を見つける

仕事を難なくこなせるように仕事を減らさない方がよいとしても、不必要な仕事を増やしては本末転倒です。その時は無駄な仕事ではなく、必要な仕事を見つけましょう。

一つは、誰かがしなければいけないけれど、誰の仕事でもない業務です。例えば、印刷室の古紙の整理やシュレッダーの掃除のように「気付いた人がする」という位置付けの仕事を率先します。こうした仕事はかかる時間を読みやすいので、効率化の練習になります。

もう一つは、教育論文や資格取得など技術の向上につながる業務外の仕事です。私が今行っている書籍の執筆も、学校の仕事から派生した別の仕事と位置付けています。経験値を増やすと、仕事が増えても負担は増えません。先を見通して仕事をこなせます。

# 5 忙しいならゆとりを見つけよ

## 時間のゆとりと心のゆとりを分ける

学校で働いていると、突発的に仕事が増えることがよくあります。予定していた仕事を片付けようとした矢先に、生徒指導の問題が起きたり、保護者対応をする必要が生じたりして、結局予定の仕事が進まないのは日常的な光景です。

また、学校での仕事は時期によって忙しさが大きく変わります。特に四月や三月は多忙を極めます。教務部や管理職の場合は、週末や月末には事務的な仕事が増えます。

多くの仕事を抱えている時に、ゆとりをもつのは至難の業です。しかし、忙しい時こそゆとりを見つけることで仕事に対する取り組み方が変わります。まずは、時間のゆとりと心のゆとりを分けて考えます。その上で、時間のゆとりを無理にでも生み出します。時間のゆとりが少しでも生まれたら、心のゆとりが出てきます。この順序を逆に捉えて、「忙しい中でも笑顔を絶やさない」とか「忙しい時こそ心をなくさない」とか前向きになろうとすると、心身にかなりの負荷がかかります。時間のゆとりを優先しましょう。

## 仕事を仕分けて一〇〇%を目指さない

時間のゆとりを生み出すために、仕事を質によって分類しましょう。次の三つです。

- 欠かせないmustな仕事…学校体制として決まっていて、義務付けられた仕事
- 推奨されるshouldな仕事…校内の重点として、子どもや同僚のためにすべき仕事
- 希望するwantな仕事…個人的に力を入れたいと考える仕事

三つの仕事の取り組み方の詳細な違いについては、拙著『教師のON／OFF仕事術』（明治図書出版、二〇二一年）で取り上げています。ここでは、時間のゆとりを生み出す方法に焦点を当てます。ポイントは、shouldな仕事の見直しと、mustな仕事の分担です。

まず、学校は「すべき」とされる仕事で溢れています。「本当に必要なのか」を問い直して、学校の今の実態とずれていれば思い切って仕事を減らしましょう。

また、必須の仕事については、法的義務があったり、危機管理の面から不可欠だったりするため、なくすわけにはいきません。その代わり、その仕事を一人で抱えこまないようにします。七〇％くらいの出来で十分です。ただし、**七〇％で終わらせずに管理職を含めた複数人で一〇〇％の出来になるように仕事をします。そうすると、一人にかかる時間的な負担は減ります。**時間に余裕ができた時こそ、心にゆとりをもつチャンスです。

## ▼小さな一歩を楽しむことでゆとりが生まれる

心のゆとりをつくるためには、小さな前進を楽しみます。例えば、通知表で四十人分の所見を書く時に、一人でも書き終えたら「この子のよさを決められた枠の中でばっちり表現できた」と自画自賛します。「あと三十九人もいるのか～」とがっかりするのではなく、まずは一人でも子どもの理解ができたと喜びましょう。

校務であれば、小さな仕事でもメモをして終える度に線を引くなど、仕事の進捗状況を可視化する方法もお勧めです。私は主幹教諭の頃はGoogleカレンダーのToDoリストを使っていました。教頭になった今は、50ミリ×15ミリの小さな付箋に仕事を書き出し、B4の紙の上に並べて、職員室の机に置いています。締め切りが近いものを体に近い方に貼り、重要度の高いものを用紙の上の方に貼っています。常時15～30の付箋がある状態ですが、一つ終わる度に付箋を剥がしていくのが、ちょっとした楽しみです。

この方法を強く勧めるわけではありませんが、行うべき仕事の状態を可視化すると、無限に思えた仕事が確実に片付いていくと実感できます。そして、仕事を進める速さと正確さがどんどん向上します。さらに、「この仕事は必要だろうか？　改善できないか？」という視点をもてます。左の図のように、仕事の山を踏破した時に見える景色があります。**心のゆとりは、最初から仕事がない状況だと意外と生まれません。**「私は役に立っているのだろうか？」という後ろ向きの気持ちになることさえあります。山のような仕事をこなして経験を磨くと、忙しい中でも心に余裕が出てきます。そして、前例踏襲に囚われずに**「もっとよい方法はないだろうか？」「本当に大切にしたいことは何だろうか？」と業務に対して批判的思考を行って改善を図ります。**経験を積んだ立場から発言すれば、自ずと説得力が出ます。学校として目指す子どもの姿から外れないようにしつつ、教師として目指す姿に近付くために働き方を変えましょう。

仕事の山を登ると
視野が広がる

# 6 今の仕事に価値を生み出せ 価値ある仕事をしたいなら

## 仕事の価値を問い直す

学校での肩書や実績に憧れる気持ちがある人は、意外と多いかもしれません。それは管理職を目指すという意味ではありません。学年主任や生徒指導主事などの校務分掌の他、大きな研究授業の授業者を務めたり、難しい状況の学級の担任をやり遂げたりする経験をした時に、それらの経験を誇りに感じることがないでしょうか。学校でミドルリーダーとして活躍する先生に憧れの気持ちを抱くこともあると思います。

やりがいのある仕事をしたいという気持ちは大切です。ただ、気を付けたいのは目立つ仕事だけに価値を見出し、目立ちにくい仕事を軽んじないことです。なかには、隠れた仕事があることに気付いてさえいない場合もあります。望む仕事のみに打ち込んで、他の仕事が見えていないと、他の職員にしわ寄せがいきます。次の三つの視点で、仕事を見る目を養いましょう。

・仕事の価値は固定的なものなのか？
・誰にとって価値のある仕事なのか？
・いつ価値が確定するのか？

一点目は「そもそも仕事の価値を決めることができるのか？」と問うことで、学校での仕事の意義を見直します。多岐にわたる学校での仕事の中で価値の有無を判断する時、判断基準を定めるのは難しいものです。

二点目は、仕事の価値は人によって変わると理解することです。例えば、授業を大切にするという先生でも、どの教科や領域に力を入れるかは人によって変わります。同じ社会科の授業改善に力を入れる場合でも、知識・理解の定着を重視する人と子ども主体の活動を重視する人では、価値を置くものが違ってきます。

また、教師にとっては価値のある仕事でも、目の前の子どもたちにとっては負担でしかない場合もあります。視線の方向が子どもを向いていていない状況です。

三点目は、価値が確定する時期の違いを考慮することです。学校教育の成果は見えづらく、いつ成果が出るかははっきりしないものです。例えば、短期的には子どもの成長を感じられても、長期的には子どもたちの負担となる場合があります。

以上の通り、仕事の価値は立場や時期によって変わります。「価値のある仕事をしたい」という願望を抱く時には、ひょっとすると自分のことしか考えていないか、冷静に考えましょう。「その価値のある仕事をすることで、自分だけではなく子どもたちや同僚にどんなプラスの影響があるか」という視点で、自分の願望を客観視することが大切です。

## ▼秘めた価値を発見して仕事の形を変える

価値のある仕事とは、目立つ仕事だけではありません。むしろ、目立たない仕事にこそ本当の価値はあります。例えば、研究授業を公開して実践を次々と発表する先生がいるとします。その隣には、研究授業ができるような状況ではない、生徒指導上の困難を抱える子どもたちと全力で向き合う先生がいるかもしれません。

また、崩壊した学級を立て直す凄腕の先生がいる一方、崩壊させずに安定した学級経営をする先生がいます。どちらも大切ですが、後者の価値は見えづらいものです。

仕事の隠れた価値を発掘する

価値のある仕事をしたいなら、価値のわかりやすい部分ではなく、価値を見出しにくい部分に注目して、秘められた価値を発掘することを勧めます。上の図のイメージです。

学級通信を例に考えます。学級通信をたくさん出すことは、わかりやすい価値です。しかし、ありふれた内容で、別の学級に向けて書いた記事を流用できそうな通信が散見されます。それよりも、週に一回でも隔週でも、学級の子どもが輝く瞬間を詳細に説明したり、子どもの発言の意味を丁寧に解説したりする学級通信の方が、子どもたちや保護者にとって価値のあるものになります。学級通信を出すこと自体に価値を置かずに、「この学級の成長の記録として通信を生かす」という価値を見つけます。そうすると、学級通信を書くという仕事との向き合い方が変わり、工夫の余地が見えてきます。

このように多くの人が見逃している価値を発見し、その価値を生かすために仕事のやり方の形を変えましょう。**特別な仕事だけが価値をもつわけではありません。普段の仕事に特別な価値を付加するように、「もっとよい方法はないだろうか?」と問い続けましょう。**

# 影響を与えたいなら控え目にせよ 7

## 押し付けだと思われると影響力は減る

「学校で自らが望むような働き方をしたい」「学校で中心となって働きたい」「学校の外でも活躍したい」などの願いをもつのは、悪いことではありません。教師としての力量が高まれば、より質の高い教育を子どもたちに提供できる可能性は高まります。

ただし、それらの願いが子どもや同僚にマイナスに働くことがあります。相手のことを考えずに、我を通す場合です。学校教育においては、体罰のように法的にも科学的にも否定される方法を除けば、間違った手法というのは、あまり多くありません。どの方法も一長一短があり、子どもや職員、地域の実態に合っているかどうかで効果が変わります。

したがって「ＳＮＳで見たこの方法がよい！　すぐにみんなで取り入れよう！」と鼻息を荒くしても、周りの同僚は「そうは言うけどなあ……」と引いてしまうかもしれません。

結果的に、新しい手法は受け入れられず、導入しようとした先生の校内での影響力は減ります。**他者を動かそうとするのではなく、他者が動きたくなるように環境を整えましょう。**

この点は、主任や管理職などリーダーの立場こそ気を付けなければと、自戒を込めて感じます。「指示する立場だから言って当然」と他の先生方に手や口を出すと、相手は押し付けられたと感じます。教師として子どもに接する場合も同じです。「私の言う通りにすればよいんだ」「この方法でうまくいったのだから、まずはやりなさい」と押し付けると、子どもは心を閉ざしたりします。結果として、プラスの影響を与えることができません。

押し付けずに行動で示す

「正しいから」と手出しや口出しをするのではなく、「挑戦してみようかな」「今までの方法を変えてみようかな」と感じられるようにします。そのために、率先して行動する姿勢を通して、周りの人の興味を引きつけ、その人の行動を変えるきっかけをつくりましょう。上の図の仏様のようなイメージです。自分に厳しく振る舞いながら他者を助けることで、賛同してくれる仲間を少しずつ増やしましょう。そうすれば、影響力は自然と高まります。

## 相手の望みと自分の願いの交わるところを探る

姿勢や行動を通して影響を与えるのは、直接手出しや口出しをする方法と比べると遠回りです。子どもや同僚が気付かない場合があります。そこで、次の二点を意識します。

- **対象を絞る**…影響を与えたい分野と相手を絞る
- **選択肢の工夫をする**…選択肢を用意し、選ぶ判断基準となる情報を開示する

一点目は、影響を与えようとする対象を絞ることです。学校の業務の中で「ここは自分の力を生かしてもっと改善できる」という分野を見定めます。そして、「この人ならわかってくれる」もしくは「この人の賛同を得られれば全体に広がる」という相手を見つけます。子どもを対象とする場合も同じで、「この子なら」という見極めが大切です。

二点目は、選択肢の工夫をすることです。たとえ優れた方法でも、押し付けられると反発したくなります。「こういう方法もあるので、よかったら試してみませんか？」という姿勢がちょうどよいものです。また、導入する効果と問題点も包み隠さずに提示します。

相手が納得の上で選択できるようにします。

　前任校で、デジタル採点システムを取り入れた例を紹介します。私は主幹教諭としてＩＣＴの活用による働き方改革を進める立場でした。アンケートフォームの活用やオンラインでの欠席連絡、文書の共同編集などを導入しましたが、テスト採点の負担はなかなか解消しない問題でした。テストをアンケートフォームで実施するアイデアについては、紙のテストにこだわる先生方が多く、拙速な導入はすべきでないと判断していました。

　そこで、教務主任とＩＣＴ担当の職員と相談して、デジタル採点システムの導入を検討し、二社の製品を無料で試すことにしました。まずは私が担当する教科で試し、具体的な操作方法のマニュアルを手作りして誰でも使えるようにしました。また、解答用紙・解答欄のサイズやスキャナーの機種によっては手間がかかることも伝えました。

　デジタル採点システムの使用者はじわじわと増え、最終的には過半数の先生が利用し、次年度からの本格導入が決まりました。採点時間が大幅に減り、子どもにとっても採点ミスが減るよさを実感してもらえました。教務主任の先生に「これまでのＩＣＴ活用で最大のヒットですね」と言われたことが印象に残っています。

**自分の願いと職場の潜在的なニーズをうまくつなぐと、職場によい影響を及ぼすことができます。**

# 第2章

# 「校務」が軽くなる

# 1 校務のゴールを問い直す

教務部や生徒指導部などの校務に追われていると、「もっと子どもと直接向き合いたいのに時間がない」と感じることがあるかもしれません。校務を管理職から押し付けられた仕事と認識していると、負担感が強くなります。また、同僚から「去年と同じようにすれば大丈夫だよ」と言われると、励ましの意図があるとわかりつつも、校務を担う意欲が下がるかもしれません。負担を軽くするポイントは、視座です。

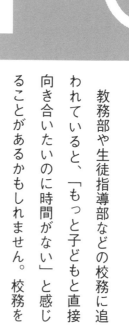

## 多角的に校務を捉えてゴールを可視化する

校務分掌とは、校長の職務を他の教職員が分担して受け持つ仕事です。学校教育法に「校長は、校務をつかさどり、所属職員を監督する」（学校教育法第37条4項）とある通り、法的には校長が担う仕事を分けている形になります。

したがって、校務を負担に感じて軽減を図る時には**学校経営の視点**をもちます。そうすると、校務のゴールが見えてきます。その上で、次の三点に着目して校務に取り組みます。

- **視座の高低の使い分け**…学校経営全体を見る目と教室の子どもを見る目を併せもつ
- **実現可能性**…ゴールを実現するアイデアを示す
- **持続可能性**…担当や子どもが変わっても継続できる

一点目は、**視座を使い分けて多角的に仕事を捉える**ことです。例えば保護者面談の企画を担当することになった時に、保護者から信頼を得て学校の方針を理解してもらうことをねらいに定めて、どのような内容を共通して話せばよいかを考えるのは、高い視座です。

その一方で、一人一人の子どもについて短時間で情報を得て保護者と連携するために、各担任に個別の懇談の要点を絞ってもらうのは、子どもに近い視座になります。また、保護者懇談の時間帯に副担任がサポートできる業務を行うように提案するのは、職員室全体を見渡して業務の平準化を図る効果があります。上の図のように、複数の視座を使い分けると、担当する校務の意義が見えてきます。無意味な仕事ではないと実感できると負担感が変わります。

校務を多角的に捉え直す

## 実現可能性と持続可能性を意識して負担を軽くする

校務の軽減を図る工夫の二つ目は、**実現可能性を考慮した改善策を実行する**ことです。校務のゴールを確認して、そのゴールに至る最適なルートを設定します。近道や楽に進む方法を考えます。その時に、荒唐無稽とも思えるアイデアを出すことを勧めます。一見無駄に感じるかもしれませんが、実現するためのハードルが可視化され、そのハードルを乗り越える方法が思いつくと、業務が一気に改善されます。

例えば、運動会や体育大会で担当の先生が競技の細かな動きからルールまで、一人で考えると大きな負担になります。その仕事を児童会・生徒会活動と関連付けて改善を図ります。教師がWordやExcelで作成していたものも、一人一台端末を使えば、子どもたちが共同編集で作成できます。子どものサポートは運動会担当ではなく児童会・生徒会担当にすれば、一人に負担が過重にかかる状況を改善できます。さらに、子どもの手による自治的な運営になるため、校務の負担を軽減しながら教育的な意義を高めることができます。

校務の負担を軽くする工夫を図っても、担当者が変わった瞬間に元に戻っては意味がありません。そこで、校務を軽くするポイントの三点目として、**持続可能性**を考慮します。持続可能性をもたせるためには、記録が大切です。まず、前例踏襲を改めた場合は、変えた経緯や成果と課題を記録します。また、校務にかかった時間と負担に思う業務も記録します。これらの記録はすぐに検索できるようにクラウド上にデータで残しましょう。記録があることで、次年度の担当者はよりよい形で仕事を進めることができます。**自分の負担を軽くするだけではなく、次の人の荷物を減らす意識**が大切です。

校務は前年度から日付だけを変えて進めれば、「やらされている感」が強まります。「一工夫が学校をよくする」という気持ちで、学校経営に参画しましょう。

校務

# 在り方にこだわるなら やり方にこだわる

2

学校現場ではほとんど耳にしなくても、SNSや教育書だとしばしば目にする言葉があります。その一つが「やり方より在り方」ではないでしょうか。何だか、格好よい響きの言葉です。本質を突いているという意識が垣間見えます。教師としての在り方にこだわることは、たしかに大切です。しかし、私は在り方にこだわる前に、やり方にこだわるべきだと考えます。なぜなら、他者に見えるのはやり方だからです。

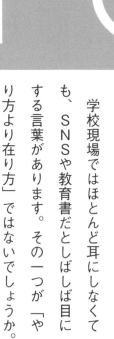

## 在り方はやり方から見えてくる

学校現場の状況に危機感をもち、教師としての理想を追い求めると「やり方より在り方」という考えに至りやすいと思います。在り方の難しさは、**他者から見えづらい**ことです。他者の在り方を、私たちはどのように判断できるのでしょうか。一般的に、職員同士で「私は〜という在り方を大切にしている」と吐露することはあまりありません。多くの場合は、言葉や行動からその人の在り方を推測するのではないでしょうか。

しかし、その推測が正しいとは限りません。例えば、子どもを頻繁に叱責する教員がいるとします。時には過度の叱責と感じる場面もあります。その教員に対して、周囲は「この人は規律を重んじると同時に、子どもを管理する指導観をもっている」と判断するかもしれません。しかし実際は、厳しい指導をしないと同僚から「指導できない」と思われる雰囲気がある学校で、やむにやまれず叱責をしているのかもしれません。

教師としての在り方にこだわることは大切です。しかしそれ以上に、他者から見えるやり方にこだわることが欠かせません。学校という**組織においては、やり方が重要**なのです。次の二つの方法で、やり方にこだわった上で在り方を磨きましょう。

・**やり方の改善による在り方の修正**…やり方を改善し続けて在り方を形づくる
・**やり方を通した理想の在り方の自覚**…やり方の判断基準に着目して在り方を見出す

どちらも、やり方にこだわることで在り方にもこだわる方法です。順に説明します。

## ▼やり方の改善のサイクルが在り方を形づくる

まずは「在り方↓やり方↓在り方↓やり方……」と在り方とやり方を更新し続ける方法です。左の図のように、やり方を改善して在り方を望む姿に修正することを繰り返します。

例えば、プライベートの時間を大切にする在り方を目指すとします。その時に、定時退勤というやり方を選択します。定時退勤をするために、業務の精選や効率化を図ります。そうすると「生産性を重視する」という新しい在り方が生まれます。最初の在り方を実現するためのやり方を突き詰めれば、在り方が変化します。**やり方を積み重ねることが教員としての在り方を変えていきます。**

やり方と在り方を
更新し続ける

## やり方の判断基準から在り方を見出す

やり方にこだわることで在り方を変えるもう一つの方法が、やり方を変えようとする時の判断基準に注目することです。在り方がはっきりと自覚できていない時に使う方法です。業務を改善しようとする時には、対象の業務を選択したり、改善の方向性を判断したりする時の根拠があるはずです。個人だけではなく、職員で合意を図る時も同じです。その根拠が在り方と密接にかかわります。例えば、生徒会担当として「定例の生徒会・委員会活動の日数を減らし、前例踏襲の事務的作業をなくした。代わりにSSTを取り入れた。これらのことから、私は子ども同士のつながりを大切にしようとしている。そういえば、学習用端末のチャット機能を子どもたちが使えるようにしたのも、同じ考え方と言える」というように、**やり方の奥に潜んでいる在り方を明らかにします。**この方法だと、在り方とやり方のずれに気付いて、納得の上でやり方を改善することができます。

最初に考えた在り方で満足しては、成長はありません。厳しい言い方ですが、学級目標を決めて満足する担任や、最初の職員会議で学校経営ビジョンを伝達して、その後は触れないで満足する管理職と同じです。やり方にこだわり続けることで在り方を磨きましょう。

校務

# 3 仕事は仕分けてから取り組む

忙しい時に限って仕事が増えることがあります。仕事が増えると、まずは少しでも減らすためにすぐ着手しようとするかもしれません。そうすると、予想していなかったつまずきが生じて、いっぱいいっぱいになることがあります。焦って仕事をするのではなく、まずは深呼吸をして、仕事の特色を見極めることが大切です。校務は多岐にわたりますが、それぞれの校務の質の違いを押さえてから仕事を進めましょう。

## 仕事を質・慣れ・連携度で仕分ける

担当する校務を進める時には、仕分けると負担が減ります。仕事の全体像が見えてきて、計画的に仕事をこなせるからです。校務は、次の三つの視点で仕分けましょう。

- **仕事の質による仕分け**…必須（must）・推奨（should）・希望（want）で分ける
- **仕事の慣れによる仕分け**…経験したことのある仕事かどうかで分ける
- **仕事の連携の度合いによる仕分け**…単独や情報共有、共同などの視点で分ける

一つ目は第1章5で述べた通り、**必須・推奨・希望**の三つの視点で仕事を分類します。学校として必須の仕事は後回しにできませんが、実はそれほど多くありません。「すべき」「した方がよい」をどれだけ絞るかが、仕事を効率的に進めるコツです。そして、余裕が生まれたら希望する仕事に注力します。この順序を間違えると、「学級通信はこまめに書くのに生徒指導を全然しない」とか「部活動ばかりして学年の仕事をしない」とか、周りから白い目で見られかねません。職員室で自分に向けられる視線を意識しましょう。

二つ目に、**仕事への慣れ**で分けます。経験している仕事と初めて取り組む仕事では、負担は大きく変わります。経験が少ないと仕事の段取りを立てづらいので、簡単に見える仕事でも意外と時間がかかります。逆に経験を積むと、大変な仕事でも心に余裕をもって着実に進めることができます。類似する仕事に応用が利くようにもなります。

三つ目に、**「同僚の力をどのような形で借りるか」**という視点で仕事を分類します。もちろん、担当する仕事は責任をもってやり遂げるべきですが、過去に同じ校務を担当した同僚に相談する機会を意図的につくります。そうすると、その校務の課題や効率化のヒントが見えます。また、同僚とのつながりが太くなります。また、同じ分掌の後輩に対して、負担にならないようにタイミングを見て一緒に作業をすると、ＯＪＴになります。

以上の三つの視点の内、二つ目と三つ目は時間に着目した仕分けです。時間に着目するというと、かかる時間の長さによって分けるのが一般的ですが、同僚との連携を前提にすることで、仕事を一人で抱え込まずに共同して校務を進める効果が生まれます。校務でよくあるのが、前任者が異動するとノウハウがわからずに後任が戸惑う問題です。また、休職などの突発的な事態で混乱が生じ、業務が停滞することもあります。そのような問題を予防するために、同僚と仕事の進め方を共有しましょう。管理職との情報共有も大切です。

## 校務の整理が余裕を生む

学校の仕事は多種多様なので、闇雲に取り組んでもキリがありません。仕事が増えた時には仕事の特色を分析します。分析を行うと見通しが立ちます。左の図のイメージです。

例えば、「これは○○先生が去年担当で詳しいから、最初にすべきことを聞いてみるか」「この仕事は子どもの安全にかかわるから最優先で取り組もう」「この仕事を進めると、他の先生方が楽になるから、今月中には仕上げよう」などです。見通しが立つと焦りが減って効率的に仕事を進めることができます。

難しい仕事はまず分析する

見通しを立てて対策を練るのは、子どもが学習課題と向き合う時と同じです。難しく見える課題こそ、見通しを立てる時間をしっかり確保するはずです。私たちの校務も同じです。「よくわからない」と感じる仕事に対しては、丁寧に分析して仕事の見通しを立てます。**教科指導や学級経営のコツは校務に生かすことができます。**教室で子どもに指導していることを、職員室での校務に反映させましょう。

# 4 wantのためにmustを消化する

力を入れたいことがあるのに、他の仕事が多すぎて手が回らないという状況は、よくあります。しかも、しなければいけないとわかっていても、子どもと関連が薄くて重要には見えない仕事に時間がとられると、ストレスが溜まると思います。しかし、望む仕事を校内で行うための近道が、しなければいけない仕事をこなすことにあると考えます。周りの見方が変わり、自身の仕事に新しい発見があります。

## 実績があれば希望は通る

学級経営において、学級での取組に子どもが手応えを感じている状況をイメージしてください。担任が新しい活動を提案すると、子どもたちは「先生が言うことを試してみようかな」と受け入れる気持ちが出やすくなります。逆に、担任と子どもたちの関係がうまくいっていない時に、担任がよかれと思って取り入れた活動に子どもたちが反発し、思うような成果が出ない場合もあります。新しい取組を導入する時には、「何をするか」だけでなく、「どのような関係性において、どのような手続きで提案するか」が成否を分けます。

校務も同じです。新しい活動を提案した時に「この先生が言うなら試す価値はある」と賛同する職員を増やすためには、仕事の実績が鍵となります。希望（want）を通すには、必須（must）や推奨（should）の仕事を着実に進めましょう。

特に重要なのは必須の仕事です。子どもの安全にかかわる業務や法的に定められている業務は、こなすのが当たり前の仕事です。仕事をし忘れたり抜け落ちたりしては、信頼を大きく損ないます。必須の仕事の場合は、その重要性から何段階もの点検があるのが一般的です。そこで、担当する必須の仕事のミスをせず、点検する人が余裕をもてるように素早く仕事を進めます。速くて正確に仕事ができるという実績が信頼を生みます。信頼を蓄えると、個人的に希望する活動を全体に提案した時に、きっと応援してくれるはずです。

## ▼仕事を素早くこなしていくと新しい希望が見えてくる

必須の仕事を次々と片付けていると、「どうしてこういう仕事ばかり増えるんだろう」と切なくなるかもしれません。その時に、次の二つの問いをもちましょう。

- **仕事の位置付け…「この仕事は学校の教育活動をどう支えているのか？」と問う**
- **仕事の活用…「この仕事を意味のあるものにする方法はないだろうか？」と問う**

一点目に、**必須の仕事の意義**を問い直します。例えば、指導要録です。法的な作成義務がありますが、請求がなければ子どもの目に触れることがない書類です。そのため、年度末の忙しい時期に完成させることに負担感を抱きやすい仕事です。しかし、一年間の指導の集大成として、各教科・領域の目標に対する到達度の状況や子どもの学習の足跡を丁寧に記録することは、学校の教育活動を振り返る効果があります。意義がわかれば、取り組む姿勢が変わります。そして、雑に仕事を済ませるのではなく、丁寧に仕事を行う意識が出て、集中して仕事に取り組みやすくなります。

二点目に、**必須の仕事の活用法**を考えます。例えば、危機管理マニュアルを作って終わりにしていないでしょうか。危機管理マニュアルの内容を職員はもちろん子どもたちと共有するために、例えば学級活動と関連付ける方法が考えられます。または、児童会や生徒会と連携して安全な学校づくりを進める方法もあります。以上のように、必須の仕事の意味を見つめ直すと、仕事に対する視野が広がります。そして、取り組んでみたいと感じる新たな試みを思いつくことがあります。

上の図のように、仕事の経験を積むほどに**必須の仕事の中に希望する新たな仕事が見えてきます。**その仕事は学校の課題や目指す方向と合致しているため、他の職員から同意を得やすいというよさがあります。自分だけのwantな仕事が、学校としてwantな仕事に変化するきっかけができます。仲間と仕事に取り組む面白さを実感できるはずです。

mustな仕事の中に
wantな仕事を発見する

校務

# 5 「べき」から離れるべき

学校は業務多忙と言われますが、しなければいけない位置付けの must な仕事だけなら、そう多くはありません。業務を分類すると、「子どもたちのためにすべきだ」「うちの学校ではした方がよい」としている仕事が多忙感の原因になっていることがあります。必須ではなく推奨レベルの should な仕事の課題と精選の基準を見つけましょう。そうすると、学校の「この子」たちのためにすべきことが見えてきます。

## 「すべき仕事」が増えると逆効果になる

学校で「~すべき」と見なされる仕事は、黙っていると次々と増えます。教育は、時間と手間をかけるほどよいものであるという認識が学校現場では根強いからです。その認識は教職員だけではなく、保護者にも残っています。しかし、子どものためになると考えて活動を増やせば、仕事も増えていきます。「すべき」と推奨される仕事が増えると、学校で次のような問題が起きやすくなります。

> ・**重荷**…教師の負担が増えて、優先順位を付けて仕事を行いづらくなる
> ・**分断**…時間をかけた取組に対する考えや事情の違いが教師同士の分断を招く
> ・**迷走**…ゴールが見えづらくなり、子どもにとっては負担の割に成果が出ない

一つ目は**教師の時間的・心理的負担**になることです。推奨される仕事が増えすぎて、急いで処理することで精一杯になります。時間だけではなく、心の余裕もなくなります。余裕がないと突発的な事態への対応のミスを誘発し、学級経営や生徒指導で大きな失敗を招

く危険性が高まります。

二つ目は、**教師同士の分断**が起きやすくなることです。まず、それぞれの主張が対立すると関係が悪くなることがあります。また、時間外の勤務をしてまで業務をする教師と、定時でしっかりと帰る教師との間で分断が起きることもあります。家事や育児、趣味の時間や自己研鑽のために定時で帰る先生に対して、「すべきことをしていない」という批判がされるかもしれません。定時で終わらないほどの業務があるのが問題であるにもかかわらず、そうは思わずに放課後の職員室がギスギスするのは避けたいものです。

三つ目は、**子どもたちの負担**です。一つ一つは取り組んだ方がよい活動でも、数が増えれば子どもたちは疲れてしまいます。また、それぞれの活動の**ゴールが多すぎて、どこを目指せばよいのかわからなくなります。**

以上のように「～すべき」という活動を整理しないと、先生方も子どもたちも労力の割に成果を実感できません。「～すべき」と推奨する活動は優先順位を決めて絞りましょう。

## ▼「もしこの仕事がなくなったら」を想像する

それでは「～すべき」という仕事はどのように絞るべきなのでしょうか。お勧めなのは

「もしこの仕事がなくなったら、本当に困るのだろうか?」と自分自身や同僚に問うことです。実は意外と困らないと気付いたら、思い切ってなくしましょう。

逆に「子どものためにできることはないか?」と問うと、すべきであると考える仕事はどんどん増えてしまいます。そうではなく、「子どものために、たった一つ選ぶとしたら、どの仕事か?」と問いましょう。本当に大切にしたいことが見えてきます。

ただし、絞る段階では職員間で意見の対立が生じます。対立の火種が見えたら、大きくなる前に学校教育目標や重点教育目標など、学校経営で重視することと関連付けて優先順位を付けましょう。個人的なこだわりの衝突を回避して、学校として取り組むべきことが見えてきます。

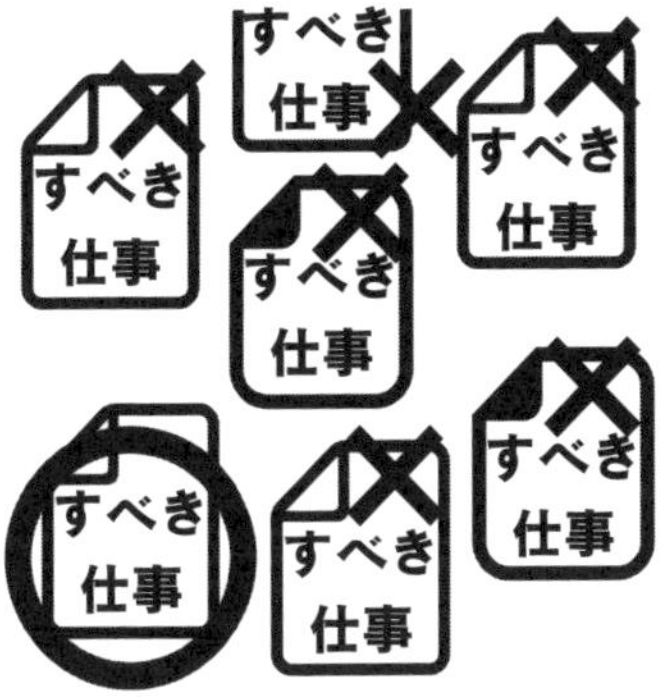


すべきという仕事の中から、実態に合った一つを見つけて徹底する

「〜すべき」というshouldな仕事をする理由は、正論であることが多く、否定するのは大変です。否定ではなく、**「学校として、最もすべきことは何か」**という視点を基にして溢れる仕事を整理しましょう。整理の末に残ったのが本当に大切な仕事です。「べき」の固定観念からいったん離れましょう。

校務

# 完璧を目指さず課題を見つける

6

仕事を任されると、「失敗をしたくない……」と重圧を感じたり、「せっかくだから完璧を目指すか！」と気合が入ることがあると思います。そもそも、完璧な仕事とはどういうものでしょうか。完璧を目指す必要はあるのでしょうか。私が仕事で目指すのは完璧さではありません。むしろ、完璧さを目指すことより、課題を見つけることに意味があると考えています。校務のゴールを見つめ直しましょう。

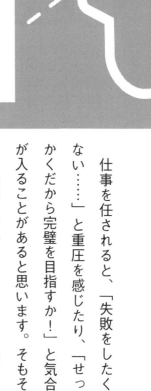

## 仕事をゴールにしないでスタートにする

担当する校務の仕事に完璧さを目指すと、仕事の結果にはどのような影響があるのでしょうか。多くの場合、失敗をしないように慎重を期して仕事を終わらせることがゴールになります。その際に考えたいのは、校務の終わりとは何を指すかということです。書類を締め切りまでに作り終えて満足してはいないでしょうか。大きなトラブルがなく担当する行事が終われば、仕事も終わったと感じてはいないでしょうか。

それらは、仕事の終わりではありません。なぜなら、担当する校務が実施されてから子どもたちの成長の姿が見えてくるまでには時間のずれがあるからです。**教育のタイムラグを考慮しないと、自分の仕事ばかりに目を向けて、子どもの方を見なくなってしまいます。**

学校では仕事を終わらせることをゴールにしてはいけません。「この校務は、この子たちの学びにどのようにつながるのだろうか」という視点で仕事の意味を考えましょう。

イメージは、研究でしばしば用いられる「成果と課題」の視点です。研究論文で「完璧な出来です」はあり得ません。成果を整理して新たな課題を見出すことで次につながるからです。校務も同じです。教育は終わりのない営みです。完璧な仕事を目指すのではなく、校務を進めた成果を明らかにして、今後の課題を見出しましょう。

## ▼「もっと簡単でよい方法」を合言葉にする

任された校務に関する課題を見つけるためのキーワードは**「もっと簡単でよい方法はないだろうか？」**です。具体的には、次の視点を意識して現状の校務の課題を見つけます。

**①最短を探る**…少ない手数で同じ効果が得られるようにする
**②先を見据えた効率化を図る**…次年度に自身や後任が手間取らないようにする
**③計画の生かし方を想像する**…ねらいを再検討したり計画を練り直したりする
**④巻き込む相手を見つける**…協力してくれそうな相手や育てたい後輩と連携する

①と②はコストの削減、③と④は効果の増大を意図とした視点です。①では無駄な手間を省くようにします。危機管理を例にすると、二重三重に確認するのは無駄ではありませんが、いざという場面で時間がかかる仕組みをつくっていると改善が必要になります。危機管理マニュアルを作成してもすぐに参照できない場所に保管していると、無駄な手間が

生じます。一人の動きだけではなく教職員全体の動きの無駄を省きましょう。

②は、一年後に同じ仕事をすることを想定した効率化です。例えば、作成・提出した文書の題名と提出先をExcelなどに一覧として記載し、文書へのリンクも貼り付けると、一年後にその一覧を開けば、提出ミスを予防しながら素早く仕事に取り組めます。

③では、担当する校務のねらいを生かすためにできそうなことを想像します。ポイントは想像に留めることです。すべてを実現しようとすると負担が生じます。ここぞという時に「実は前から考えていて……」と提案できるように準備をしておきます。

④は、校務の分かち合い方に着目する視点です。一人で取り組む前提を再考し、後輩を育てるために一緒に準備したり、得意分野をもつ同僚の力を借りたりします。

前例踏襲にせず、もっと簡単でよい方法を探りながら校務をこなす

校務は前例踏襲になりがちですが、改善点を見つける意識をもつと楽しみが出てきます。粗探しではなく、より簡単に、よりよくなるポイントを探りましょう。「完璧に仕事をしなければ」という重圧から解放されて、気持ちが楽になります。

# 難しい仕事は簡単である

## 7

子どもが生徒指導上の重大な問題を起こしたり、保護者から無理な要求を受けたりすると、「何で私がこんな目に……」という気持ちになって、心が折れそうになるかもしれません。難しい仕事を請け負った時の重圧は相当なものです。しかし、難しい仕事には簡単な部分があります。キーワードは「段階的なゴール設定」と「協働」です。一人で抱えこまずに、同僚と一緒に仕事のゴールを探しましょう。

## ▼難しくなっていく仕事の合格ラインを確認する

校務における難しい仕事には、年度末や年度初めの書類作成、入試の業務など、最初から難しさが見えているものがあります。ミスが許されないので大変ですが、段取りを付けて丁寧に仕事を進め、複数での点検を徹底すれば、期日までに終えることができます。

私たち教職員にとって負担が大きいのは、**難しくなっていく仕事**です。例えば、学級担任や学年主任として、保護者から厳しい指摘を受け、無理難題を突き付けられることがあります。また、生徒指導部として課題の未然防止に努めていても、重大な生徒指導事案が発生して即応的な指導を継続して行う必要が起きることがあります。管理職や教務主任であれば、学校外の組織や企業と連携するために、カリキュラムを当初の計画から大幅に変更することになり、調整に追われる場合があります。

このような難しくなっていく仕事に追われていると、どんどん時間だけが過ぎていくような感覚になります。先行きの見えない仕事のため、心労が絶えません。

できれば、難しくならないようにしたいものですが、そうは言っていられないのが学校の仕事です。そこで、発想を転換します。難しい仕事の中に、簡単な部分を見つけましょう。具体的には、次の三点に注目します。

- **・うまくいかなくて当然だと考える**…責任感のバランスをとる
- **・仕事のボーダーラインを明らかにする**…及第点は意外と低い
- **・周りの助けを遠慮せずに借りる**…手を差し伸べてくれる仲間はいる

一つ目に、難しい仕事で失敗しても仕方ないと捉えます。責任を放棄するわけではありませんが、最低限の仕事をすれば十分であると、ほどよい責任感をもって割り切ります。

二つ目に、最低限の仕事をしたと言えるように、及第点となる基準を具体的に考えます。難しい仕事は「一か月をしのげば十分」など、意外と合格ラインが低い場合があります。

三つ目に、他の教職員の力を借ります。抱える仕事の難しさは周りに伝わっているので、手を貸してくれる仲間はいます。矢面に立つのは自分でも、後ろで支えるくれる仲間がいると勇気が出ます。

難しい仕事を前にすると、目の前が真っ暗になるかもしれません。しかし、難しさから目をそらさずに**仕事の最低合格点**を探しましょう。

## ▼段階別の目標を設定しても無理しない

最低限のゴールを目指しつつ、状況が好転すれば、無理のない範囲で次のゴールを考えます。少しでも高いゴールに届く方が学校や子どもたちにとってプラスの影響が生じます。左の図のようなイメージです。最低限の目標を設定した上で、可能ならねらう目標を立て、さらに最高レベルの目標も設定します。

留意すべき点は**最高の目標への到達を重視しない**ことです。難しい仕事に取り組む際に、多くを望むと苦しくなります。あくまでも最低限の目標に届けば十分であると考えると、気持ちが少し楽になるはずです。難しく捉えていた仕事に対して「最低限の目標ならそんなに大変ではない。意外と簡単かもしれない。私でも到達できそう」と思うことが大切です。想定よりも順調に仕事が進み、余力がある時だけ、より高い目標へ一歩を踏み出しましょう。無理は禁物です。

何段階かの目標を立て、無理のない範囲で先の目標をねらう

校務

# 8 簡単に見える仕事は深掘りする

慣れた仕事は簡単に見えることがあります。ゴールに向けた見通しがはっきりしているので、深く考えずに決まった手順で仕事を進めればよいと感じるからです。効率的に仕事をこなせるメリットがある反面、新しいアイデアや工夫は生まれづらくなります。改善の必要性を感じないからです。しかし、簡単に見える仕事を深掘りすることで、学校として取り組む仕事を改善するためのヒントが見えてきます。

## 簡単な仕事を得意な仕事に変える

簡単に見える仕事がある時は、素早く片付けて次の仕事に取り掛かるのが王道です。その判断は間違ってはいません。簡単な仕事に時間をかけていては、多忙さに拍車がかかります。しかし、私は簡単な仕事に取り組む時は、あえて深掘りする意識をもちます。

なぜ深掘りするとよいのでしょうか。理由は二つあります。

一つは、教師として使える武器を磨くためです。仕事が簡単に見えるということは、ノウハウがわかっています。その知識や技能をさらに磨けば、得意分野にできる可能性を秘めています。例えば、通知表の生活に関する所見を苦もなく素早く書ける人は、普段から子どもを観察する目が鋭いはずです。さらに、子どものよさを的確に表現することが得意と言えます。それらの得意分野を生かせば、学級担任はもちろん、ノウハウを共有することで学年主任としても活躍できます。

二つ目の理由は、問題の発生を予防するためです。年度が変われば相手にする子どもが変わるのが学校教育です。深く考えずに、「例年通り」と子どもたちに合わない取組を続けると、成果が出ずに子どもたちから不満が出る可能性があります。

以上のように、問題を予防しながら教師としての技を磨くために、簡単そうな仕事に対して「この仕事をもっと生かすことができないか」と、無理のない範囲で考えましょう。**仕事をこなす意識から、仕事を生かす意識へ**変えていきます。

## ▼掘り進めて宝を発見する喜びを同僚と分かち合う

どの方向性に深掘りするかで、簡単に見える仕事の生かし方は変わります。次の三つの方向性から選択しましょう。

- **横に掘り進める**…「他には」と問いながら、新しい別の仕事と関連付ける
- **下に掘り進める**…「もっと力を入れるなら」と問いながら、仕事の質を高める
- **奥に掘り進める**…「そもそも」と問いながら表面的な内容から本質に迫る

一点目は、横に掘り進めます。例えば、学級経営で子どもたちの協働に手応えを感じたら、学年経営で職員間の連携に力を入れます。自信のあることを一つ見つけてから、他の分野に応用を図る方法です。

二点目は、もっと力を入れる方向に深掘りします。例えば、何年か教壇に立つと、授業を進めることへの負担感は減ります。しかし、授業を淡々とこなして終わるのではなく、子どもたちにとってより意義深い学びの機会を保障するために、教材研究に力を入れます。

三点目は、本質に迫るために奥へ掘り進めます。例えば、学級会が軌道に乗って教師の負担が減ったとします。その時に、学級会を継続するだけではなく、「子どもたちによる自治的な活動の中心は学級会でよいのか？」と問い直します。学級会という活動の枠組みを超えて、子どもたちが自らの手で自治的な仕組みづくりをできるように促します。

以上の三つの深掘りを図にすると、上の通りです。

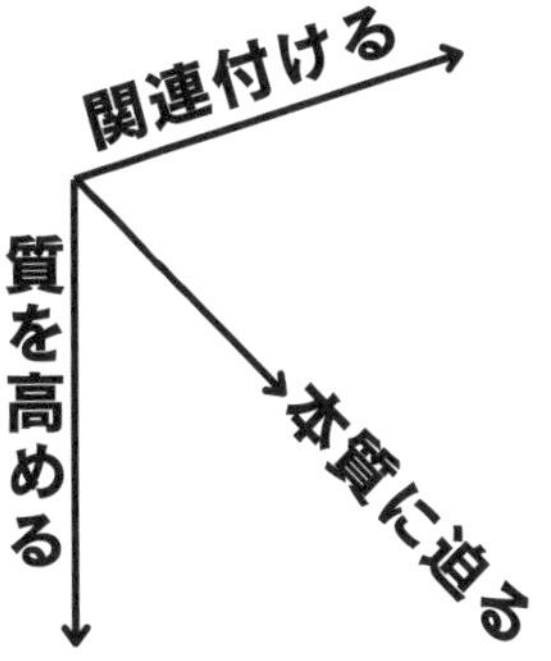


仕事を横・下・奥の三つの方向性で深掘りする

**仕事の幅が広がり、一つ一つの仕事の質が高まり、教育で大切にしたい本質が見えてきます。**

留意したいのは、中途半端にすべての方向を掘り進めないことです。また、仕事の技を磨いていない段階で複数の方向での工夫を考えると負担が生じます。いつでも仕事の深掘りを目指すのではなく、自分の武器を見つけたり伸ばしたりしたい時に意識しましょう。

校務

# 継続は力にならない

9

学校で同じような仕事を長く続けていると、できることは着実に増えます。一つ一つの仕事を処理するのに時間がかからなくなります。ただし、それは教師としての力量を高めることと等しいわけではありません。同じ仕事を続けると、ある部分では衰えてしまうことがあります。同じ仕事を続けるだけでは、身に付けることができない力があります。継続自体に意味はありません。継続の仕方を工夫しましょう。

## 同じ道をぐるぐる回っても成長しない

学校現場の状況は目まぐるしく変わります。その中で、地道に同じ業務を担い続けることには、もちろん意味があります。ただし、特定の校務分掌を同じように継続すると、次のような問題が起きます。

- ・前例踏襲を繰り返すだけで、担当する業務を改善する意識が欠ける
- ・仕事に慣れすぎて、担当する業務の問題点が見えなくなる
- ・続けてきたことが自信となるが、方法を変えることへの抵抗感が強くなる
- ・続けてきた方法を他者に押し付けようとする

いずれも続けてきた仕事に慣れが出た結果、負の影響が生じている例です。現在の方法での業務を手際よく進めるのはうまくても、業務自体を見直す意識はもちづらくなります。道にたとえると、同じ道をぐるぐると回り続けるようなものです。先に進むわけではありません。その結果、違う世界を見ようとしなくなって柔軟さを失います。特に、子ども

に直接かかわる仕事の場合は、子どもに合わせた調整をしなくなります。その結果、ひずみが生じてしまいます。それは子どものためになりません。

## 仕事に対する「見方」を探して発見する

仕事に慣れるだけではなく、経験を生かして教師としての力量を高めるためには、何が大切なのでしょうか。私は、ある仕事を別の仕事と結び付ける意識を大切にしています。そもそも、本書の題名にある「見えていること」ですが、これは各教科・領域における教科指導の技術を校務に転用する意図があります。

**「見方・考え方」を仕事術と結び付けています。**

私の専門は社会科ですが、地理的な見方・考え方の一つに分布の視点があります。地理的事象の空間的な広がりや点在する状況に着目する視点です。この視点は、校務における課題を発見した時に役立ちます。例えば、教務で日課表を担当して、現状の日課では子どもたちに負担がかかっていると感じたとします。その時に、近隣の他の学校の日課表を参考にしたり、他の学校の改善案を聞いたりすると、学校固有の問題なのか、多くの学校で同様の課題を抱えているのか判断ができます。「日課表の課題」に限定して分布を探ります。「他はどうなのか？」「どのくらい広まっているのか？」という視点で考えると、課題把握に役立ち、課題解決の方向性が見えてきます。「分布」に着目して校務を見る手法は日課表に限らず活用できます。

ある仕事を別の仕事と結び付けるために、「私は、この仕事を進める時にどんな工夫をしたのだろうか？」と振り返りましょう。工夫を振り返るという発想も、教科指導の中で培った感覚を校務に生かしています。

次から次へと出てくる仕事をこなすので大変なのはわかりますが、あえて立ち止まって仕事に対する自分の見方や取り組む姿勢を見つめ直します。上の図のイメージです。鳥の目で自分自身の働き方を分析します。逆に、具体的な業務に合わせて虫の目で詳細に仕事を見ることも大切です。

視点を切り替えながら「もっとよい仕事の進め方はないかなあ」という姿勢でいると、**仕事に追われる意識から仕事を追う意識へ**変わります。そうすると、気持ちがきっと楽になるはずです。

ほぼ無意識な視点を自覚するように、自分自身の働き方を振り返る

校務

# 10 同じ結果なら新しい方を選ぶ

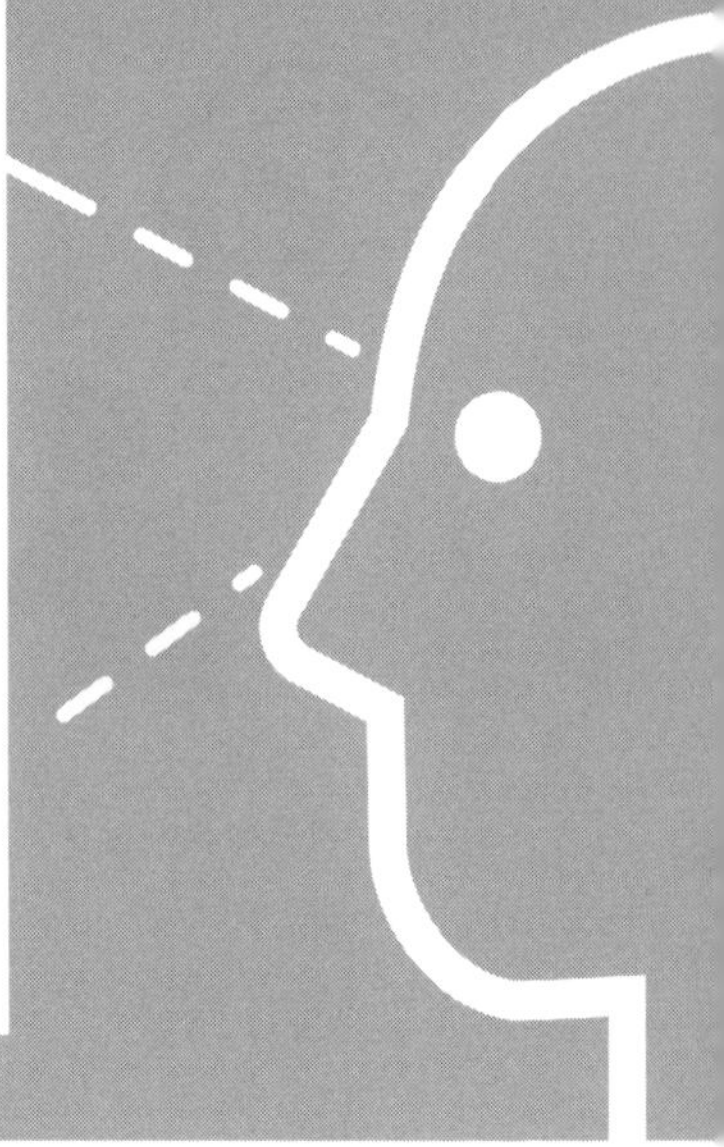

教育課程の改善が必要と言われながら、学校現場では変化を避けたがる面があります。校務についても「例年通り」という言葉をよく聞きます。学校が様々な変化にさらされる状況にあるからこそ、変わらないものを求める面もあります。変わることには大きなエネルギーが必要ですが、同じような結果が見える状況なら、あえて新しい方法を選ぶことで、仕事の重荷がふっと軽くなります。

## 新しいものを試して引き出しを増やす

ＧＩＧＡスクール構想が推進される中で、「別にタブレットを使わなくてもできるなら、慣れた手書きで行うべきである」という意見を何度も耳にしました。一方、積極的に活用しようとする先生方は「デジタルでもアナログでもどちらでもよいことなら、デジタルですべきである」という姿勢でした。どちらも一理ありますが、私は同じようなことができるなら、新しい手法を試した方がよいと考えます。その理由は二つあります。

理由の一つ目は、選択肢が増えるからです。一つしか方法を知らないと、突発的な事態への対応が難しくなります。基本の技と裏技や、基本と予備があった方が便利です。

校務の場合は、慣れた方法でずっと行うことがあると思います。例えば、私は教頭業務を引き継いだ時に、データの整理の方法が私のやり方と違って戸惑った経験があります。しかし、まずは前任の教頭先生の方法に沿って試してみると、仕事のミスを予防する効果があると実感できました。その上で、より素早く業務を行うために私が主幹時代から行っていたデータの検索方法やToDoリストを取り入れました。引き出しが多い方がよいのは、授業技術だけではありません。

## 同じに思っていた選択肢の質が変わる

新しい手法を試してみるのがよい理由の二つ目は、同じように見えていた手法の違いが見えてくるからです。例えば、ＰＣを使って校務をするのは当たり前ですが、クラウドを使えば共同編集ができます。個別の作業だった校務が同僚との共同作業に変わります。点検についても、完成したものを待たずに、作成段階で意見を出し、その意見を反映させて改善することができます。**業務の質が変わることに気付きます。**

選択肢が増えると、新たな発想や発見につなげやすい

しかし、「ＩＣＴはよくわからない」と慣れた方法で働き続ければ、校務の質を変化させる方法があるのに、生かせないままになってしまいます。

選択肢が増えることを嫌がらずに、まずは試してみましょう。そして試していく中で新たな価値を発見できたら、賛同してくれる同僚を見つけましょう。仲間からの評価が新しい挑戦へのエネルギーになります。

## ▼選択の余地があると余裕が生まれる

社会科の公民的分野の学習で「自由とは何か？」と問うと、子どもたちから必ず出る言葉の一つが「選べること」です。ある子どもは次のように説明していました。

「なんでもいいよ」と言われると、自由すぎて困ります。何個かの候補から選べて、候補にないことを思いついた時に、それを選べることが自由だと思います。

選択という言葉だけで、自由の概念を説明することはできません。しかし、選択肢と選択権があることは、自由を構成する重要な要素です。

私たちの仕事も同じです。「これしかない」という状況は、逃げ場がありません。うまくいかなかった時には、行き詰まります。**仕事に使える手札をたくさんもっていることは、余裕を生みます。**もちろん手札の切り方も重要ですが、一枚しかないと戦術を練ることはできません。手持ちの札を増やして、札をよりよいものに入れ替えながら、山のような仕事との「戦い方」を磨きましょう。

校務

# 名もない仕事が学校を救う

# 11

学校では、校務分掌上は明確に位置付けられていなくても、誰かがしないと困る「名もない仕事」があります。例えば、職員室の共用スペースの整理などです。このような仕事があることに気付かない場合があります。または、気付いていても「忙しいから余裕がない。他の誰かがしてくれるとよいなあ」と放っておく場合もあるかもしれません。しかし、名もない仕事を積極的に行うと、結果的に余裕ができます。

## 視野が広がると気付きが増える

学校に限らず、どの職場でも業務に位置付けられていなくても、実際は誰かが行わないと困る仕事があります。また、福利厚生や職場環境の改善にかかわることは、業務とは言えないものがあります。ただ、行った方が助かるのは確かです。

また、担当者がいない場合に、ちょっとした仕事を代わらなければいけないことがよくあります。事務や教頭が不在の時に電話を取ったり、来客へお茶を出したりするのは、誰の仕事でしょうか。「若手がやるべき」といった考えは古いと思います。「忙しいから、業務でもないこまごました仕事をする余裕がない」と考える人もいることでしょう。しかし、年齢や性別に関係なく、気付いてパッと動けると逆に仕事に余裕が出てきます。その理由は、**視野が広がって見えるものが増える**からです。見えてくる対象は、次の二つです。

- ・**他の仕事の穴が見えてくる**…組織として校務を進める上での課題や弱点が見える
- ・**人の動きが見えてくる**…行動を通して働くことへの意識や関係性が見える

一つ目として、職員室などの環境を整備するための穴が見える感覚を生かすと、校務を実行する上で隠れている課題を発見しやすくなります。想像力を働かせて全体の状況を見渡す力が育つので、「提案した文書にはないけれど、実際に動く時にはここで動きが停滞しそう」といった課題が見えてきます。

二つ目として、率先してちょっとした仕事を行うと、他の教職員の動きが見えてきます。自分と同じように気付いている人や、応援が必要な場面で手を貸してくれる人が誰なのか、わかります。

一方で、自分の仕事に専念する人もいるはずです。その人を非難しないことも大切です。教職員の中には、自分の仕事に集中するのが得意な人もいれば、他者と協力するのが得意な人もいます。それらの人たちを「どのように組み合わせると業務が円滑に進むか」と考えると、学校経営につながる高い視座をもつことができるようになります。

以上のように校務分掌上は明確ではない**「名もない仕事」を見つける意識をもつ**と、視野が広がります。視野が広がると、気付きがどんどん増えます。

## ▼同僚のために働く気持ちが素直に生まれる

学校全体の様子や教職員全体の動きを見る意識が働くと、感謝の気持ちが湧いてきます。シュレッダーの周りに散らばったごみを拾っている人、給湯室を掃除してくれる人、手洗い場に飛び散った水を拭き取る人……名もない仕事はたくさんあります。「誰かがしてくれるだろう」と見逃すのではなく、見返りを求めずに動いている人の存在に気付きます。そうすると、「うちの職場も悪くないな」と感じるものです。一つ一つはささいなことかもしれませんが、同僚の真心に触れることができます。そうすると、「自分のために」や「子どもたちのために」という意識に加えて「この仲間たちのために」という意識が芽生えます。名もない仕事の存在に気付くと、同僚への見方が変わります。

名もない仕事を見つけると、
同僚への見方が変わる

職種によっては、業務を細かいところまで定めて責任を明確にする必要があることでしょう。しかし、学校現場の仕事は多岐にわたり、状況に応じて仕事の内容や取り組むタイミングが変化します。だからこそ、**仕事のすき間を探して見つける**ことが大切です。名もない仕事を見つけて素早くこなし、居心地のよい職場づくりに貢献しましょう。

# 第3章
# 「職員室の人間関係」が軽くなる

# 1 最悪の職員室を想像する

私たちが人間関係でストレスを感じるのは、子どもや保護者に対してだけではありません。同僚や上司との関係に苦慮することがあります。本来は味方であるはずの職員とのトラブルは、非常に大きなストレスとなります。しかも、子ども以上に変化が見込めない場合もあります。同僚に対して指導するのは管理職でもない限り、躊躇してしまうでしょう。しかし、我慢することはありません。見方を変えます。

## 最悪よりはマシとは思えない

職員室の人間関係は、私たち教員の働き方の質を大きく左右します。職員室は、私たち教職員にとっての基地です。基地で過ごすことでストレスが溜まれば、最前線の現場である教室で力を発揮する妨げになります。

しかし、職員室の人間関係に悩みが生じるのは、残念ながら珍しいことではありません。力量はあるものの、我が強くて連携を軽視して他の教職員とすぐ衝突する人がいるかもしれません。個々には問題がなくても、相性が悪くて組み合わせることがNGの場合もあります。教室で子どもに配慮し、慎重に保護者対応をすることに加えて、職員室で気を遣う必要があるのはたまりません。職員の人間関係に気をもみ、職員室の空気が重たいために本来の指導力を発揮できないのは、もったいないことです。

このような状況への対策として考えられるのは、最悪の職員室を想像することです。ただし、想像しても「最悪よりはマシだな」とは思えないものです。**状況は何も好転していないので、結局我慢を強いられる**からです。最悪の職員室を想像するのは、開き直るためではありません。職員室の人間関係をよりよくするヒントを見つけるためです。

## ▼最悪な職員室への分岐点を見つける

最悪な職員室を**具体的に想像すると、最悪になる分岐点が見えてきます。**落とし穴と言ってもよいでしょう。例えば、次のようなものです。

①性格や学級経営の方針が合わない教員が学年を組んだり、同じ分掌になったりする
②指導力に定評がある教員だが、担任する学級を最優先し、他の連携を軽視する
③前例踏襲の意識が強く、既存の活動を揃えて行うことを優先する雰囲気が強い

①は、職員の組み合わせの落とし穴です。力量があると判断される教員同士でも、ビジョンにずれがあったり性格が全く合わなかったりすると、事前に期待した動きにはなりません。それぞれの持ち味が生かされず、足を引っ張り合ったり意欲を失ったりします。

②は、自分のことや担任する学級を最優先する教職員がいる場合です。学年や学校の方針とずれても修正しないため、他の教職員にしわ寄せが来て学校全体に不利益が生じます。

③は②の逆です。変化に抵抗があり、同調圧力が強い職員室です。創意工夫への意欲が

失われます。職員室の人間関係の難しさは、意図せず最悪への道を進み始めることです。よかれと思って配置された人材が足を引っ張り合い、先生方の専門性の発揮を妨げます。

## ▼最高の職員室に向かってゆっくり進む

大人である教職員を変えることは簡単ではありません。しかし、環境や仕組みを変えることで最悪の職員室への転落を避け、少しでも働きやすい関係性ができることがあります。例えば、同調圧力の強い職場であれば、まずは揃える内容を絞ります。それを学校として遂行する集団としての力はあると考えられます。ポイントは、揃えない対象を明確にすることです。**裁量の範囲と手続きを仕組み化して共有する**と、暴走を押さえるとともに、出る杭を打つ動きを牽制できます。職員の構成や動きによって仕組みは修正します。

もちろん、職員室の人間関係がいつでも改善するわけではありません。しかし、最悪な状況への分岐点を探すことが、現状の分析や改善の道筋の発見につながります。一緒に行動してくれる仲間を見つけて、よりよい環境づくりに向けた一歩を踏み出しましょう。

最悪な状況への分岐点を見つけて回避する道を探る

職員室の人間関係

# 2 同僚と無理につるまない方が協力できる

当たり前ですが、職場の同僚とコミュニケーションをとった方がよいに決まっています。ただし、コミュニケーションをとることと、いつもつるむのは別物です。仕事を進める上では、仲のよさが邪魔をすることがあります。また、チームワークは大切ですが、何でも一緒に行動すればよいわけではありません。同僚と協力するためのキーワードは、「専門性と多様性」の保障です。ゆるやかにつながる関係をつくります。

## 仲がよすぎると目が曇る

教職員の仲が悪いと、業務に支障をきたします。職場の心理的安全性を確保できません。一方で、次のように**仲がよいことがマイナスに働き、目を曇らせる**場合があります。

- **近すぎて見えない**…相手の全体像が視界に入らず、見たい面しか見えなくなる
- **狭い視野の伝染**…他者を見ようとする時、仲のよい人の認識の影響を受ける
- **一体化**…自身と仲のよい相手をセットとして認識される

一点目に、仲のよい相手と心理的な距離が近付くと、相手を客観的に見ることができなくなります。見たい面しか見えなくなり、相手の課題に気付けなくなります。

二点目に、つるんでいると相手の考え方に影響を受けます。その相手以外の他者を見る時に、偏った見方をするおそれがあります。

三点目に、周囲の教職員からの見られ方が変わります。「○○先生と○○先生はつるんでいて、考え方も似ている」と一緒くたに捉えられます。

学級で、いつも二人や三人など少数でべったりと過ごす子どもがいれば、担任として心配になってきます。私たち教職員も同様です。べったりと依存するような関係は、様々な他者と協力して仕事をする際に支障となります。

また、少数で強固な絆をつくると、派閥ができます。職員室で声をひそめて話したり、場所を変えてこそこそと相談したりすることが続けば、他の教職員は不安を抱きます。派閥化したグループと意見の対立が生じると、不信を感じるようになります。全体的に仲がよい職場ではなく、一部の人たちが仲良くつるみ、全体としては協力できない職場になってしまいます。

## ▼間合いを測って相手に飲まれずに調整する

職場の人間関係づくりでは、距離感をつかむ意識を働かせます。次の二点が大切です。

**①自分自身の基本の間合いを把握する**…情に訴える近距離と、理に働きかける遠距離
**②状況により距離の詰め方を変える**…距離を取るか相手の間合いに飛び込むか

第一に、自分の得意な間合いを自覚しましょう。相手に共感してコミュニケーションを図るのが得意な場合は、近距離タイプです。逆に、理論や法的根拠を前面に出して相手の納得解を引き出すのが得意な場合は、遠距離タイプと言えます。

第二に、相手の状況に合わせて、距離を詰めるべきか、それとも距離を取るべきかを判断します。得意とする距離は、相手にもあると考えましょう。同じタイプだと気が合う場合もあれば、異なるタイプ同士で足りない部分を補い合えることもあります。遠距離タイプでも、相手の懐に飛び込んで、腹を割って対話すると関係が好転することがあります。

相手との間合いに応じてコミュニケーションの武器を選ぶ

人は簡単には変わりません。だから、相手の振る舞いに気をもむのをやめて、付き合い方を変えていきます。そうすると、**相手のことで頭の中がいっぱいだった状況から、少し余裕が生まれます。**余裕が生まれたら、視野が広がっていきます。そして、付き合い方を変えて対話を続け、一緒に汗を流すことを続けていくと、相手が変わることがあります。焦らずに、できることに地道に取り組みましょう。

# 3 同僚の力量を決めつけないと力を引き出せる

学校に勤めていると、「○○先生は仕事ができる」と感じることが幾度となくあります。若い時は、学校の中心として活躍する「すごい先生」に憧れを抱きました。しかし、それらの評価は一面的なものです。もし、「すごい先生」と評価する反面で「すごくない先生」という評価を下す意識をもっていたら、かなり損をしています。同僚の力量を決めつけると、学校としては大損失です。

## ▼職員室でのキャラを固定化しない

子どもに対して「この子は〇〇タイプだ」や「前に担任した〜と同じで……」と特徴を決めつけると、子どもを見る時の視野が狭まります。決めつけがよくないのは、同僚に対しても同じです。例えば、次のように思ってしまうことはないでしょうか。

> ①〇〇先生はベテランだから、ICTや新しい評価方法を学ぼうとしない
> ②△△先生は前に学級崩壊をしたことがあり、学級経営や生徒指導に課題がある
> ③□□先生は部活動の指導をしたがるけど、教科指導は上手ではない

①は年齢で決めつける例、②は過去の経験で決めつける例、③は得意なことを決めつける例です。①については、ベテランでも学び続ける人はいます。むしろ「もう歳だから……」と謙遜しながら、実際はこれまでの経験を生かして新しいことを柔軟に取り入れる先輩方を、私は何人も見てきました。②については、過去の苦い経験を糧に成長しようとするのは、多くの先生方に当てはまることだと思います。③については、部活動の指導に

力を入れながら、学級経営や教科指導に秀でた人もいます。

いずれの場合も、**視界に入りやすい実績や特徴だけで他者の資質・能力を決めつけています。**他者を見る目を狭めて相手を過小評価すると、一緒に仕事をする時に力を引き出せなくなります。また、見下すような評価をしている場合、その気持ちは相手に伝わるので、関係を悪くする原因になります。

学校現場は柔軟さが大事です。しかし、キャラを決めつけてしまうと、組織としての動きが硬直化します。

## ▼力を借りることで引き出す

学校では経験や校務分掌で先生方が位置付けられています。位置付けられていても、決めつけないことが大切です。大人は簡単には変わりませんが、全く変わらないわけではありません。力を借りる意識をもちましょう。

力を借りるためのポイントは、まず力を貸し、その上で素直に助けを求めることです。

私が口ぐせのように使う問いは**「どう思いますか？」**です。例えば、担任をしていた時は、ベテランの副担任の先生に「○○さんが休み時間、いつも△△さんの所に行くのに、席に座ったままだったんです。少し心配に感じたんですが、どう思います？」と尋ねて交流を図っていました。複数の視点で多面的に子どもを見ることができます。情報が得られなくても気にかけてもらえるようになり、職員同士のコミュニケーションが促進されます。

校務分掌であれば、新卒の先生に「学活で食育をテーマにこんな流れの学習をしようと思うんだけど、もし先生がメインで仕切るなら気になる点やわかりづらい点はありませんか？」と助言を求めるとします。そうすると、新鮮な視点で意見をもらえて、気付いていない課題が見えることがあります。また、新卒の先生にとっては担当業務の進め方を学ぶきっかけになります。

子どもや仕事について積極的に同僚に問いかけて、自分にない視点を引き出す

「担任の自分の方が副担任の先生より子どものことをわかっている」「新卒だからわかっていないだろうな」などと思い込んで一人で仕事を進めると、新たな発見はありません。**立場が違えば視点は変わる**ので、学ぶことがたくさんあります。忙しい時こそ、同僚との対話を意図的に増やして力を借りましょう。

# 4 持ち味を出したければ合わせる

学校現場で新しいことに挑戦しようとしても他の教職員がついてこないことがあります。批判を受けることさえあります。そうすると、「出る杭は打たれる」という気持ちになるかもしれません。学校現場には前例踏襲を重視する面があるのは確かです。しかし、周りと歩調を合わせずに突っ走ることの問題にも目を向けるべきです。持ち味を生かして新しい挑戦をしたいなら、周りと合わせるのが近道です。

## 一人で違いを出そうとしない

職場で「もっと自由にさせてくれたら、自分の持ち味を出せるのに……」と感じた時に、その背景にあるのは、学んできたことや経験してきたことへの自信だと考えられます。例えば、自主的に学んだ手法を試してみたくなったり、前の職場でうまくいった方法を広めたくなったりするのは、自然なことです。

ただし、**他の同僚の学びや経験を軽視してはうまくいきません。**また、学校の現状やそこに至る経緯を無視してもいけません。他者や学校の状況を配慮せずに新しいことを行うと、次のような問題が起きます。

- ・**子どもたちの混乱**…新しいことや複数の方法への対応を迫られて戸惑う
- ・**同僚の態度の硬化**…意義が見えずに疎外感や変化への抵抗感が強まる
- ・**学びの断続**…横の関連性と縦の連続性がないので効果が半減する

一点目に、学校として揃えていた方法から急に変わると、子どもたちは対応するまで負担になります。

二点目に、他の教員が「聞いていない」と感じると、たとえよい方法への変化だとしても受け入れ難くなります。手続き面での公正さに欠けると不信を招きます。

三点目に、属人的な取組は継続性に欠けます。次年度に学級担任が変わった場合に、元通りに戻ってしまいます。また、他の教科や学級との違いが生じるので、横のつながりも弱くなります。

これらの問題点を想像せずに「自分の持ち味を出したい！」と考えても、よい影響は生じません。他者から「あなたの持ち味をぜひ出して」と思われるような関係性と、学校としての仕組みづくりが大切です。

## 組み合わせて違いを出す

自分なりの持ち味を出すために、周囲の理解を得るには時間と手間がかかります。忙しい中で余裕がないと、結局前例踏襲で横並びのままになってしまいます。

その状況を打破するには、子どもたちも先生方もそれぞれが違いを出すという発想をもちましょう。周りと合わせるのではなく、**それぞれの持ち味を出して組み合わせる**意識をもちます。料理でたとえれば、決まったレシピに合わせて食材を準備するのではなく、冷蔵庫に入っている食材を使ってできる料理を考えるイメージです。

　例えば、全校的に「わくわくする校内環境づくり」を進めることになった時の話です。職員室の机上がいつもきれいな先生は、校内で乱雑になっている場所を見つけて掃除や整頓をしました。私は生徒会担当であり、子ども主体の活動を好むので、教員だけでなく子どもたちにもアンケートをとってクイズコーナーや家庭学習のアドバイスコーナーをつくりました。クイズも勉強のアドバイスも子どもたちの手によるものです。また、絵を描くのが得意な先生は、子どもと一緒に手洗いやあいさつの励行などの手書きのポスターを刷新しました。この活動をきっかけに教室内の掲示の見直しが進み、生徒会では前例踏襲に留まらない取組が増えました。

それぞれの得意な面で持ち味を
出して組み合わせて違いを出す

　これは一例ですが、一つのゴールに向かってそれぞれの得意分野を生かして進みましょう。同僚や子どもたちと同意の上で一緒に「らしさ」を出せば、負担を減らしながら面白いことができます。

# 5 頼られたいなら まず頼れ

職場で頼りにされる人材は貴重です。「困った時は○○先生に任せれば大丈夫」という安心感があります。それでは、頼られる側にとってはどうでしょうか。負担が増し、多忙になる場合があります。それと同時に、頼られるうれしさはあるかもしれません。自己有用感が高まるきっかけになります。職場で頼られる存在になるための第一歩は、逆に他者の力を頼ることです。関係づくりができるからです。

## 頼られるための三つのステップを踏む

職員室で頼られるような立場の先生には、どのような特徴があるでしょうか。例えば、その職場に在籍する期間が長いと「先生は何でも知っているから」と頼られやすくなることがあります。また、普段からコミュニケーションをとっている相手だと、ちょっとした相談や頼みごとをしやすくなります。

一人でも多くの教職員から「頼りがいのある人」と認められるには、**力量に加えて関係性が大切**です。大前提として、担当する校務分掌は着実に進めて、担当として最低限すべきことは済ませます。その上で、次の三つの段階を踏んで関係性をつくりましょう。

①「教えてください」で仕事のコツを具体的につかみにいく
②「助けてください！」で助力を請う
③「次はお返しをします」で相互に助け合う関係をつくる

第一段階では、まず他者に仕事のコツを教わります。もちろん、自分でわかっていることとを聞くわけではありません。「先生はどうやっていますか？」と、同僚の仕事のやり方を具体的に聞き、参考になる点を取り入れます。

第二段階として、助力を請います。もちろん、丸投げはいけません。例えば、学年主任として校外学習の計画を立てた時に、学年の生徒指導の先生に対して「校外学習の時程を仮に組んだのですが、健康面や安全管理の面から改善できるところがないでしょうか？」など、助けてほしい内容を具体化します。助けを求める範囲を絞ることで、相手の負担を減らします。

第三段階として、助けてもらった相手に対して、次は恩を返すことを伝えます。そうすると、こちらからは手を差し伸べやすくなり、相手からは声をかけやすくなります。

教職員の仕事は意外と縦割りで、他者の仕事の進捗状況を把握しづらいものです。また、個々の仕事にプライドをもっている場合、困っていても一人で解決しようとすることがあります。

**他者に頼ることで校務分掌の壁を壊し、声をかけやすい環境をつくりましょう。**

## ▼目配りをして同僚の孤立を防ぐ

大切なのは「困っているけれど誰にも頼ることができない」という教職員がいないよう

にすることです。職員室で孤立している人がいないか目配りをする意識が大切です。そういう意識をもって同僚と接していると、相談を受けたり仕事を頼まれたりすることが次第に増えます。そして、自身が困った時に力を貸してくれる相手が自然と増えていきます。「頼られるような立派な教員になろう」と力む必要はありません。肩の力を抜いて穏やかに過ごす方が、話しかけやすい雰囲気が出てくるものです。

職員室での人間関係に配慮するのは、管理職だけの役目ではありません。同じ学年や教科、分掌に所属する同僚との関係づくりは、仕事のしやすさに直結します。プライベートを含めた仲良しになる必要はありませんが、同じ仕事に取り組む仲間として助け合う姿勢は必要です。

助けを求めるのは恥ずかしいことではありません。**辛い時こそ、重たい仕事を分け合う**ようにしましょう。一人で仕事を抱え込んでいる同僚がいたら、そっと手を差し伸べましょう。助けた結果、一時的に業務が増えても、助け合った経験が後の仕事に生かされます。

一人で仕事を抱え込む同僚がいないか、さりげなく目配りする

# 6 経験は武器とは限らない

現場で経験を積むほど、仕事に慣れていきます。しかし、慣れが仕事の武器になるとは限りません。慣れ方によっては、逆に足かせになることがあります。「経験があるから」と油断していると、足元をすくわれる原因にもなります。経験は材料にすぎません。武器にするためには、加工が必要です。忙しくて経験を磨く余裕がない時こそ、武器を準備することで、業務の選択肢を広げましょう。

## うまくいった経験が足かせになる

仕事を続けていれば、失敗して悔しくなったり、うまくいって喜んだりする場面はたくさんあります。学校の仕事なら、子どもたちの姿に感動する経験もできます。初任の頃に先輩が「卒業式の感動を味わったら、他の三六四日の苦労は吹き飛ぶ」と言っていたのを今でも思い出します。学校で働くよさの一つが、このような得難い経験ができることです。ただし、よい経験が足を引っ張ることがあります。それは、次のように目を曇らせる場合があるからです。

- ・成功したと考える教育活動や生徒指導、学級経営を他の教員に押し付ける
- ・子どもの実態の違いに気付かず、自分のやり方に子どもを合わせようとする
- ・自身の立場や同僚との関係性の違いに気付かず、同じようなことができない

一点目は「前にうまくいった」と考える手法を他者に押し付けることです。二点目は「この方法はどの子どもにも効果的」と勘違いをして押し付けになることです。三点目は

「前の時みたいにみんなで取り組みたい」と考えていても、今の学校や学年の同僚とは信頼関係を十分に築けていないことです。

いずれも、「同じ教育」は存在しないことを忘れています。学級が変わり、子どもが変わり、同僚が違えば、同じことをしても結果は変わります。「同じような経験」が通用しない場面はたくさんあります。**経験を武器にしようとして、その経験が錆び付いていることに気付いていません。**気付かないままだと、うまくいかないことを周りのせいにしてしまいます。空回るので仕事は進まず、トラブルが起きて逆に仕事は増えます。

## うまくいかない経験を武器にする

学校では、うまくいったと感じる経験よりも、うまくいかなかったと感じる経験の方が役立つことがあります。なぜなら、**改善する視点が生まれるからです。**

また、同僚との関係性で言えば、成功した体験を押し付けられると抵抗感があります。しかし、失敗談を聞いた上で「あの時、もっとこんな風にできればよかった」という話を聞くと、納得して受け入れる気持ちが出ます。私もたくさんの後悔をしながら教壇に立っていますが、その経験を同僚や後輩に話すと「先生もそんな失敗談があったんですね」と共感してもらえることがあります。さらに「実は私も……」とうまくいかなかった経験を交流することもあります。けっして、傷をなめ合うわけではありません。失敗と考える経験から目を背けずに、今ならできることを前向きに考えるきっかけが生まれます。

　失敗から学ぶ意識が強いと、成功体験に満足しなくなります。「今回は通用したけれど、次に同じような場面になったらうまくいかないかもしれない」という姿勢でいると、実際に壁にぶつかった時に、別の方法で解決を図ろうと思えます。左の図のように、得意な武器にこだわらずに、状況に合わせた新しい武器を選ぶことができます。

成功体験に頼らずに、状況に合わせた最適な方法を探り、新たな武器を見つけ出す

　経験の多さが重要なわけではありません。経験の生かし方が大切です。また、自分だけではなく、同僚の経験を尊重する姿勢をもつと、他者の経験から学ぶことができます。**自分一人では得ることができなかった視点**が手に入ります。それは、仕事を進めるヒントになります。結果的に、楽に仕事を進めることができます。他者の経験も武器にしましょう。

職員室の人間関係

# 7 響きのよい言葉に流されない

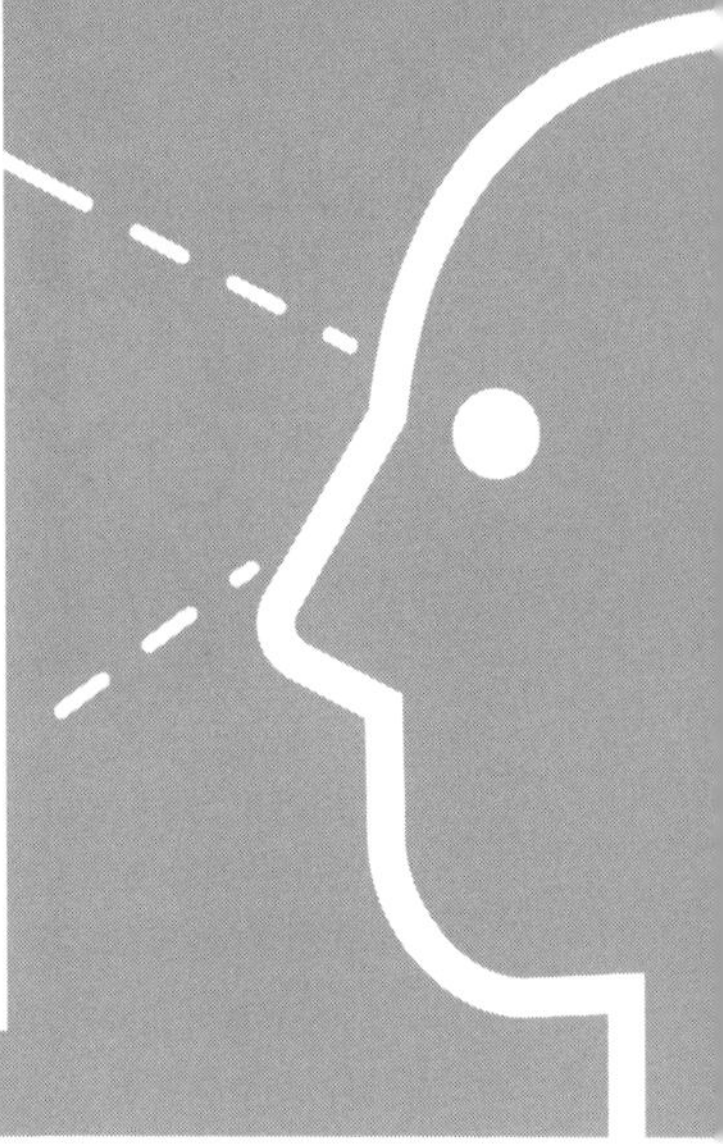

「子どもに寄り添って考えましょう」

「子どものためにできることをしませんか?」や「職員のチームワークで乗り切りましょう!」といった言葉を耳にすることがあります。それらの言葉は美しく響きます。正しいように感じます。だからこそ厄介です。問題に蓋をしてしまう危険性があります。響きのよい言葉に流されないためには、想像力が大切です。子どもと具体的にかかわる姿を想像しましょう。

## 響きのよい言葉は思考を止める

問題行動の心配がある子どもの保護者と話している時に、「うちの子を信じていますから」と言われると、それ以上話を続けるのが難しくなります。話を続ければ、まるで子どものことを信じていないような感じになってしまいます。そんな経験をしたことがある人は多いのではないでしょうか。

教職員同士の議論でも同じです。「子どもの可能性を信じましょう」や「子どもに寄り添った対応をしましょう」「子どものためにやめることはできません」という言葉は美しく響きます。あるいは、「大変な状況ですが、チームワークで乗り切りましょう」と言われれば、反論しづらくなります。これらの響きのよい言葉には、次の問題があります。

- **対話の遮断**…議論を続けようとすれば悪者扱いされかねない
- **問題の潜伏**…仕組みやかかわり方に問題があったとしても、見えずに蓋をする
- **課題の未解決**…解決可能な課題が焦点化されず、改善につながらない

一点目に、対話を続けるのが難しくなります。例えば「子どもに寄り添う」という意見に反論すれば、寄り添う方法に疑問があるのに、寄り添うこと自体を否定するように思われる心配が出て、口をつぐんでしまいます。

二点目に、「子どものためなら仕方ないか」という雰囲気が広まると、構造的な問題や方法の問題に目が向きません。結果的に仕事はどんどん増えて多忙に拍車がかかります。

三点目に、校務分掌の見直しや活動の修正につながりません。結局、効率の悪い方法を取り続けることになります。

**響きのよい言葉は、思考停止になる**危険性があります。それに気付かずにいれば、同僚から「あの人、口では立派なことを言っているけど、結局何にもしないよね」と思われ、職員間の信頼を得るのは難しくなります。

## ▼利口にならずに問い続ける

響きのよい言葉に流されないためには、問い続けることが大切です。特に「具体的には?」や「どのような面で?」の二つの問いは、思考停止を避ける効果があります。例えば、次のように使います。

・「子どもに寄り添いましょう」→「具体的に、どのように寄り添いますか？」
・「子どものために続けましょう」→「どのような面で子どものためになりますか？」

前者の問いは、活動を具体化する効果があります。後者の問いは、ねらいを多面的・多角的に考える効果があります。どちらの問いも、響きのよい言葉だけで終わらせずに、その言葉を現実にする手法を探ることにつながります。

響きのよい正しそうな言葉に対して簡単に納得せずに、問い続けることで信頼を得る

学校現場は、目の前の「この子」たちに対して教育活動をすることに意味があります。立派なことを言っても行動が伴わなければ、口だけの軽薄な人と評価され、子どもからも保護者からも同僚からも信頼されません。どこでも通用する言葉を放って満足していても、目の前の子どもたちのためにはなりません。**「この子」たちのために、自分たちができることを問い続けましょう。**

# 空気を読まずに空気を換える

## 8

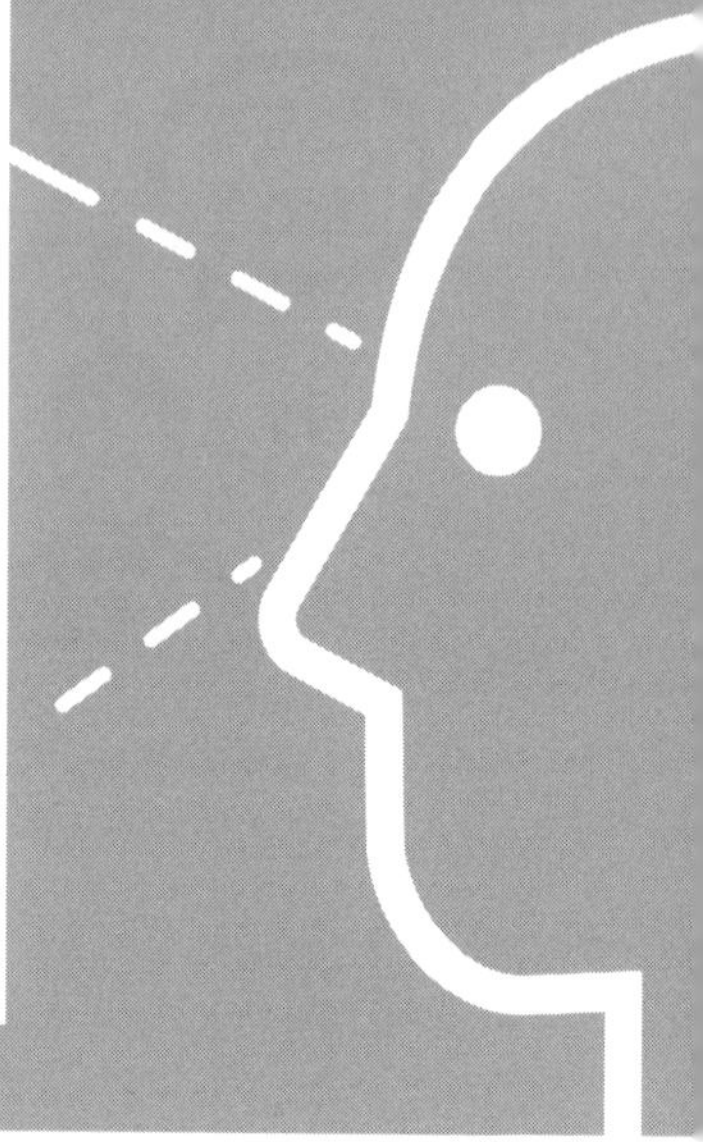

学級によって雰囲気が違うように、学校によって職員室の空気は違います。その空気を読んで無理に合わせる必要はありません。その反面、自分が望むように無理に空気を変えれば、人間関係がギクシャクします。鍵は空気を「変える」ではなく、ゆっくりと「換える」意識です。先生方が居心地のよさを感じ、新たな挑戦をしたくなるような温かい雰囲気は、ちょっとした振る舞いの積み重ねでつくられます。

## 空気を読めば何も変わらない

子どもは集団の「空気」を察して振る舞いを決めたり、「空気が読めないヤツだな」と悪口を言ったりすることがあります。それは職員室も同じです。学校に脈々と続く雰囲気もあれば、新年度で職員が入れ替わるとガラッと空気も変わる時もあります。

かつては「異動して一年は出しゃばらずに職員室の空気を読め」と言う先輩もいました。たしかに、異動したばかりで「前の職場では……」とやたらと主張すれば、以前から在籍する先生方にとっては自分たちのやり方が否定されているように感じられるでしょう。

しかし、同じ職員で同じ子どもたちとかかわるのは、長くても一年だけです。そして、子どもたちが日々変化するように、組織としての学校も日々変化できる可能性をもちます。

**空気を読んで合わせるだけでは、現状維持はできますが、よい方向には変化できません。**

例えば、子どもを揶揄する言葉が出る職員室があるとしたら、その雰囲気を変える必要があります。子どもを軽んじる集団に、子どもを成長させることはできません。

大切なのは、空気を読むかどうかではありません。職員間でよりよい人間関係をつくることができるかどうかです。職員間のよりよい人間関係とは、仲良しになることではあり

ません。教育の専門家として、対話しながら組織的な動きができることです。**空気を読む**

**ことに力を注げば、無駄なエネルギーを使って心の余裕がなくなります。**

## ▼空気をゆっくり換えていく

職員室の雰囲気を変えるためには、ちょっとした行動や言葉の積み重ねがポイントです。例えば、私が管理職になって二か月ほどの間に、様々な人に言われたことがあります。電話や来客の応対についてです。「電話での明るい声と言葉遣いがよい」「いつも笑顔で元気をもらえます」など、ほめられることがありました。とてもうれしい言葉です。

たしかに、校内外の人とコミュニケーションをとる時には、できるだけ明るく振る舞うように心がけています。ただ、無理をしているわけではありません。**「うれしがる」意識**を大事にしています。自分の機嫌は自分でとるイメージです。

例えば、業務が残っていても、電話の呼び出し音が鳴った瞬間に「切り替えタイム」と思って電話に出ます。そして、わざわざ連絡をくれた相手に対し、こちらの感謝の気持ちが伝わるように応対します。他の職員によると、私は電話中にニコニコしているようです。

電話に限らず、職員室で声をかけられた時は手を止めて相手の顔を見て話を聞きます。

それは担任として子どもたちと接していた時から変わりません。忙しい時ほど明るい声や表情を意識しています。本当に手が離せない時は「声をかけてもらったのにごめんなさい！ この○○が終わるまで、○分だけ待ってもらえますか？」などと笑顔で返します。

私は饒舌ではありません。その代わり、他者とコミュニケーションをとる喜びを前面に出すようにしています。そして、アイデアを出すことは好きなので、コミュニケーションの中で「何か面白いことを見つけられないかな」とひらめきにつながるヒントを探るようにしています。そうすると、自然と表情は柔らかくなり、笑顔が出てきます。

前向きな雰囲気は、職員室にじわじわと広がり、マイナスな雰囲気は徐々に消えていきます。「明るい言葉を心がけましょう」と呼びかけるのではなく、実践することでゆっくりと雰囲気がつくられます。**無理に空気を変えるのではなく、窓を開けて換気するように、職員室の雰囲気をゆっくりと換えていきましょう。**上の図のイメージです。職員室の雰囲気がよければ、同僚と協力をしやすくなります。もやもやとした気持ちで悩むことが減り、新たな挑戦への元気が出ます。

前向きな言葉と行動で職員室の空気をゆっくり換える

# 第4章

# 「学級経営」が軽くなる

学級経営

# 最悪の学級経営から考える

1

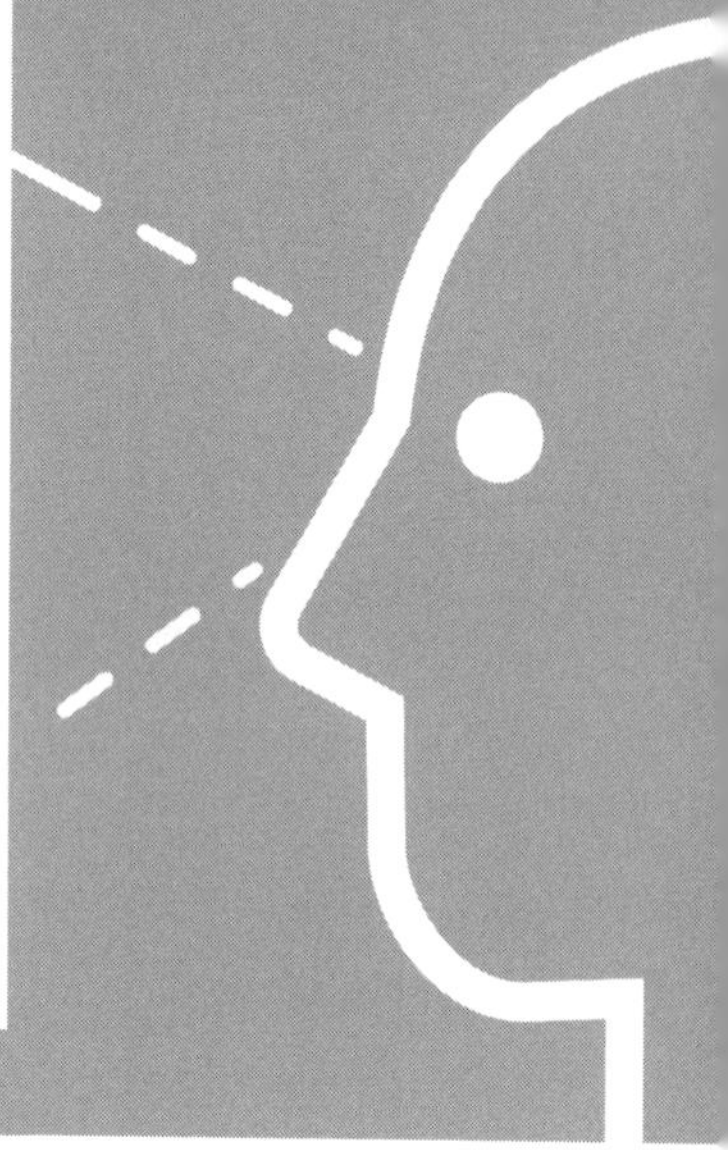

学級担任の難しさは、「子どものために」という思いが仕事を際限なく増やすことです。学級のトラブルなど突発的な事態に対応する面もありますが、より難しいのは充実感から仕事を自身でどんどん増やす問題です。学級経営を工夫した結果、子どもが喜び、保護者から感謝されると充実感につながります。同時に、止めるのが難しくなります。楽しいけれど負担な仕事をどのように捉え直すとよいのでしょうか。

## ▼誰にとっての最悪か想像する

学級経営に力を入れると、際限なく時間がかかります。「このクラスのために何とかしたい」と感じて充実感はありますが、心身の負担も大きくなります。また、学級が落ち着かない状況の時には「何とかしなければ」という重圧がかかって疲弊します。「担任だから仕方ない」とは割り切れないほどの忙しさになります。

そこで、学級経営の負担を少しでも軽くするために「最悪の学級経営」を想像しましょう。ポイントは、誰にとって最悪な学級経営なのかという視点をもつことです。**誰かにとっての最高は別の誰かにとっての最悪である可能性があります。**具体的には、次の三つの立場を考えましょう。

> ①**担任にとって最悪な学級経営**…手がかかるものの充実感はなく徒労に感じる
> ②**特定の子どもにとって最悪な学級経営**…居心地が悪く、居場所がない子もいる
> ③**他の教職員にとって最悪な学級経営**…他の学級や翌年の学級経営に悪影響が生じる

①は、担任は大変さを感じている一方で、やりがいは全く感じない状況です。その状況で他の教職員の助けが不十分であれば、孤立感も加わるので絶望的です。

②は、子どもたちが居心地を悪く感じるような学級経営をしている場合です。担任が管理的な指導をしていると、教師は当然と思っていても子どもは最悪と感じているかもしれません。また、多くの子は満足していても、特定の子どもが強い疎外感をもっている状況は、いじめなどの重大な問題を引き起こす場合があります。それも最悪な状況と言えます。

③は、学年や学校へ悪影響が生じる学級経営です。これは学級崩壊に限りません。むしろ、担任が学校の仕組みやきまりを軽んじて、自分が担任する学級だけを優遇すると、子どもたちは満足していても、他の学級や次年度の担任はたまりません。このように「最悪の学級経営」は、立場によって変わります。学級の評価は人によって変わるからです。

## 多角的な視点で学級経営を捉え直す

「最悪の学級経営」の評価は人によって変わるため、目指すべきなのは**最悪であれ最高であれ、学級の現状を変えることができる学級経営の仕組みをつくる**ことだと考えます。子どもと一緒に仕組みを変える仕組みを用意しましょう。仕組みを変える時に課題となる

学級の現状や改善の方向性を
多角的に捉えてよりよくする

のが改善の方向性です。最悪の学級経営を想像した時と同様に「誰にとっての改善になるか」という視点で多角的に考えます。上の図のようなイメージです。全員にとっての百点満点はあり得ません。それと同時に、一人の〇点を犠牲にして他の子どもたちの八〇点を目指すことは認められません。学級にかかわるすべての人の願いを踏まえて「誰にとっても最悪ではないし、わりとよいと感じるクラス」を目指しましょう。異なる願いを束ねるのは難しいことです。だからこそ、子どもたちの力を借りて一緒に考えます。実情に合わせて学級の仕組みをどんどん変え、子どもたちが納得の上で力を発揮できるようにします。また、変化し続ける姿勢を発信して、同僚の理解を得るようにします。学級を改善する動きを広げ、学年経営や学校経営の改善につなげます。

誰一人取り残すことなく、学級の全員の居場所をつくるという理想をあきらめずに追求しましょう。その努力が生徒指導上の問題や学級経営のつまずきを予防し、もし問題が発生した時には解決を図りやすくします。結果的に心身の負担は軽く、逆に充実した気持ちになります。学級経営は重たいけれど辛くない仕事になります。

# 学級経営をうまさで測らない

## 2

担任する子どもたちに時間をかけてかかわり、同僚から「学級経営がうまい」と信頼を得る……若い先生方は、そんな達人に憧れるかもしれません。

逆に、学級が崩壊状態に陥って悩む先生方もいます。心配の目を向けつつ、「もっとうまくやればよいのに……」と思う人もいるかもしれません。学級経営を「うまい」と「下手」で判断すべきなのでしょうか？　私は、危険な判断基準だと考えます。

## うまい学級経営は危うい

学級経営の力量は、どのようにしたら上がるのでしょうか。私は**「仕組み」と「かかわり」の二つが学級経営の鍵になる**と考えています。仕組みとは、所属する子どもたちや学校、地域の状況に合わせて最適な学級の仕組みを構築する力です。かかわりとは、子どもたちを中心に、他の学級や学年、保護者、地域と対話して協働する力です。目の前の「この子」たちと教師としてかかわりながら、「この学級」にとってよりよい仕組みをつくることが、担任という学級経営の責任者として大切にしたいことです。

ただ、**学級経営の力量を「うまい」「下手」で判断するのは危険**だと考えます。なぜなら、うまいかどうかで学級経営を判断しようとすると、次の問題が起きやすいからです。

- **結果論での評価**…学級の現状だけを見て、学級経営の力量を決めてしまう
- **問題の先送り**…評価が気になって学級の問題に蓋をしたり強引に指導したりする
- **担任の重圧**…評価が重荷になって、必要以上に時間と労力をかける

一つ目に、学級の状況と学級担任の力量は常に相関するわけではありません。指導力に課題がある場合でも、子ども同士の関係性が良好だと学級の状況は悪くなりません。逆にどれだけ力量が高いとされる教員でも学級崩壊や荒れに直面することはあります。むしろ、力がある教員ほど「大変」とされる学級をもつことが多い場合もあります。

二つ目に、学級経営がうまくいっていないと思われたくなくて、問題を隠して周りに相談しづらくなる場合があります。また、問題を予防しようと管理を強める心配もあります。

三つ目に、学級を少しでもよりよくしたいという責任が重圧に転じて、際限なく時間と手間をかける場合があります。学級経営が持続可能ではなくなります。綱渡り状態で一年を終えた場合は、次の担任が同じ対応を求められて、辛い思いをするかもしれません。

いずれの問題も「学級が落ち着いていて問題がないか」や「学校行事でどのくらい活躍したか」など、**見えやすい基準で担任を評価しようとするのが間違いです。**

## ▼学級経営を教師と子どもの参画度で評価する

学級経営のよし悪しは、うまいかどうかで判断すべきではありません。それでは、どのような評価の視点がよいのでしょうか。私は「学級経営に子どもがどのくらい参画しているか」という基準で判断すべきだと考えます。子どもたちが学校を含めた社会に主体的にかかわり、仲間と対話しながら社会をよりよい方向へ変えていく力が大切だからです。学級経営への子どもの参画度という基準は、結果に加えて過程を評価できる利点があります。

例えば、以前担任した学級では、九月の目標を「授業がわからなくて学校に来るのが嫌な人を減らす」にしました。夏休み中の宿題に苦しむ人が多かったので、学級の学習班が考案しました。具体策として家庭学習のコツを交流し、よいアイデアを必ず一回は実行して感想を伝え合うと学級会で決めました。結果を見るとテストの平均点は、前回より下がりました。しかし、家庭学習の時間は増え、休み時間に問題を出し合い、質問し合う頻度が増えました。その様子を見た教科担任の先生から「結果は出なくても、クラスの雰囲気が変わったね」と言われました。

子どもが学級経営の計画と改善策に参加できるようにする

これは十年ほど前の話ですが、はっきりと覚えています。**学級経営はうまい・下手ではなく、「子どもたちと一緒にどこに向かって何をしているか」の視点で評価する**と、過度の重圧から解放されます。

# 3 仕組みを変える仕組みをつくる

経験を重ねるにつれて、自分なりの学級経営のやり方が確立してくると思います。しかし、担任として「これがベスト」と考えた学級の仕組みが、次の学級では通用しないことはよくあります。それを子どもたちのせいにしてしまうと、状況は改善せずに耐えるだけの日々が続き、問題が減らずに多忙さに拍車がかかります。大切なのは柔軟な発想で、子どもと一緒に「よい塩梅」の仕組みをつくる姿勢です。

## しなやかな学級をつくる

学級担任をしていると、かつての教え子と似たタイプの子どもに出合うことがあります。学級の雰囲気が、以前担任した学級と似ていると感じることもあります。しかし、完全に同じ学級はありません。むしろ、似ているという先入観が学級経営の邪魔になることもあります。思い込みや決めつけがあるかもしれないと自覚して、目の前の子どもたちの実態に合わせて最適な学級の仕組みをつくり、柔軟に学級経営を行いましょう。

子どもたちの願いに合わせて学級の仕組みをつくるには、その**手続きを学級の全員で共有する**必要があります。そして、次の通りに**子どもたちの「権限」を明示**します。

> **①できないこと**…危機管理上の理由や法的根拠があって変更できないこと
> **②できるが時間のかかること**…学校や学年で揃える必要があること
> **③できること**…①と②以外のすべての学級の仕組みに関すること

担任は現状維持の方向に意識が働いて、本当は子どもたちと一緒に仕組みを変えることができるのに「ちょっと難しいかな」と自粛を促す場合があります。「この子たち全員にとってよりよい学級をつくる」という覚悟をもって仕組みを改善しましょう。

## ▼子どもと一緒に学級をアセスメントする

評価の仕組みを整えることも大切です。次のように主観・客観の両面の資料を集めます。

- **主観的資料…学級の状況や活動に関する言葉による評価と、評価の変遷など**
- **客観的資料…学級の状況や活動に関する数値によるアンケートなど**

主観的資料については、学級に対する一人一人の質的な評価を集めます。担任が教育相談で聞き取る場合もありますが、班長会議や班別会議など、子ども同士で意見を出し合う機会をつくります。継続すると、率直な意見が増えてきます。

客観的資料については、学級目標や活動に関する数値のアンケートを行います。独自に作成したものでも構いませんが、私は学級力アンケートを活用していました。考案者の田中博之氏の著作に活用方法とデータがあります（今宮信吾・田中博之編著『ＮＥＷ学級力向上プロジェクト』金子書房、二〇二二）。アンケートで大切なのは結果の公開と定期的な実施の二点です。**教師だけの秘密にせず、一度きりではなくアンケートを取り続ける**ことで、学級の変化を実感できます。

仕組みを変える仕組みをつくると、最初は教師の負担が大きくなります。しかし、運用が軌道に乗ると、子どもたちの力を借りるのでぐっと楽になります。子どもたちにとって「仲間と一緒にしたいこと」や「私たちのクラスですべきこと」についての共通認識が芽生えます。子どもが学級経営に参画するのは、仕事に余裕を生み出す効果があります。

学級担任の経験が長くなるほど、自分の「型」を変えることに抵抗感が強くなります。しかし、多様な背景をもつ子どもが増える中で、固定の仕組みに合わせる労力は増しています。最初は楽でも後から苦労する可能性があります。

だからこそ、「仕組みを変える仕組み」が役立ちます。

私自身、担任の時は仕組みを変える手続きや子どもに託す範囲は常に調整をし続けていました。**仕組みを変えるしなやかさと変化を楽しむ心構え**があると、余裕が生まれます。

担任として覚悟を決めて、風呂敷のように柔軟に学級の仕組みを変える

学級経営

# 世話を焼かない温かさを広める

# 4

子ども一人一人を大切にした学級経営は大切です。ただし、「大切」の捉え方は気を付けましょう。子どもを守ろうとして、何でも与えて教師が子どものお世話係になれば、子どもは成長しません。また、安心させるために「何回失敗しても大丈夫だよ」と言葉をかける教師もいます。しかし、その言葉が逆に子どもを委縮させることがあります。表面的な温かい声かけは、子どもに冷たく響くかもしれません。

## ▼世話を焼きすぎると教師が疲れるだけで終わる

学級担任をしていると、子どもたちの世話を焼く場面は無数にあります。しかし、次のように**世話の焼き方を間違えると、子どもたちの成長を阻害する**ことになります。

> **①教師主導で子どもを過度に引っ張る…**子どもが受け身になる
> **②サービス精神旺盛で子どもに奉仕する…**「やってもらって当たり前」になる
> **③先回りして成功をお膳立てする…**つまずきに子ども自身で対処できなくなる
> **④失敗を過度に許容する…**結果を気にして行動を控える

①は、担任が積極的にリードした結果、子どもは教師が何かをするのを待つようになる問題です。②も同様に、過剰とも言えるお世話をした結果、子どもの感覚が麻痺する問題です。どちらも自主性が失われます。また、次年度に担任が変わると「前の担任の先生はしてくれたのに……」という意識が出てきて、担任と子どもの双方のストレスになります。

③は、子どもに任せる機会をつくった時に、担任が補助や支援を過剰に行う問題です。

子どもは自力で取り組み方を調整する力が鍛えられません。また、簡単すぎて達成感をもちづらくなります。

④は「どんどん失敗しても大丈夫」という言葉が裏目に出る問題です。子どもは夢中に一つのことに取り組む時に、結果を気にせずに過程を楽しんでいます。そこで「失敗」という結果に目を向けさせると、結果が気になり始めて以前のように活動自体を楽しめなくなる問題が起きます。

いずれも、よかれと思って時間をかけてかかわったのに、子どもの成長につながりません。転ばぬ先の杖を与えすぎて、子どもが自分の足で立つことができなくなります。さらなる支援が必要になり、教師の負担はどんどん増えます。

## 心地よい疲れを感じる場面をつくる

学校行事やテスト、大きな発表会などが終わった時に、心地よい疲労感が残ります。特別のイベントに限らず、**子どもにとって納得のいく疲れを感じる機会**を保障しましょう。

そのために、教師ができることは二つあります。一つは「この子」や「この子」たちにとって適度な負荷を見極めて準備することです。子どもはがんばりすぎることがあります。

その時は、「無理していないかい？」と教師がやさしくブレーキをかけることが大切です。逆に、高すぎる目標に挑戦して挫折してしまうことがあります。その時は「この目標は最終ゴールにして、今は最終ゴールに届くための別のゴールをつくろう」と促します。

もう一つ、心地よい疲労感のある活動につなげるには、子どもに選択する権限を保障することです。子どもが自ら選択肢を増やしたり、選択肢に関する情報を提供したり、個々の選択のメリットとデメリットを子どもと一緒に確認したりしましょう。**選ぶ自由が子どもたちの自主性と調整力を育て、選ぶ行為が責任感と粘り強さを生みます。**

教師のかかわりのさじ加減は、簡単ではありません。ちょうどよい負荷のかけ方は、子どもによって変わります。同じ子どもでも時期や場面によって変わります。放任と過保護・過干渉の両極端に振れないように気を付けます。

そして、かかわりの土台として一人一人の子どもを見捨てずに付き合う覚悟を決めます。子どもたちが少しずつ自立していくと、教師の学級経営の負担は徐々に減り、子どもたちが頼もしい共同経営者になります。

子どもの姿を見て、両極端に触れないバランスをとる

学級経営

# 5 友達づくりを促さない

友達の存在は大切です。友達だから話せることや、友達がいて救われる時は、たしかにあります。でも、学校の中で友達を無理につくらなくてよいというメッセージを発し続けることも大切です。友達に依存し、一人で勇気をもって挑戦する意欲が育たないことがあるからです。学級経営で教師がすべきなのは、子どもたちの友達づくりを促すことではありません。キーワードは「孤独ではない自立」です。

## 表面的な友情は依存を招く

よりよい学級を目指すことは、教師にとっては当たり前でも、子どもたちにとってはそうではない場合があります。子どもは望んで所属する学級の一員になったわけではないからです。公立学校であれば、その学校に通う一番の理由は、校区に住んでいるからです。しかも、同じ学級のメンバーを子どもたちは選べません。担任も基本的には選べません。学校は子どもにとっては、必ずしも望んでいない環境の中で、人間関係を結びながら学習する場所であることは否めません。

したがって、**自分の感性に合って友達になりたいと思える人が、学校の中にいるとは限りません。**そこで担任が友達の大切さを強調すると、子どもは「友達がいない不安」や「ひとりぼっちだと周りの目が気になる」など、消極的な理由で友達をつくろうとします。

学校では、どこに行く時も、誰かと一緒でなければ不安を感じる子どもを見かける時があります。他にも、登校する時はもちろん、休み時間にトイレに行く時も、職員室に用事がある時でさえ、付き添いがいないと不安な子どもがいます。

このように、一緒に居続けないと壊れる関係は、友達とは言えません。自立の妨げになります。学級での友達づくりを教師が促すと、「友達風」のいびつな関係が増えるおそれがあります。

## ▼孤独ではない自立を目指す

友達をつくることや友人関係の維持に囚われず、安心して学校生活を送ることができるように、あえて「**友達はつくらなくてもよい**」というメッセージを担任が発することで、安心する子どもが出てきます。そこで、次の二つを大事にした学級経営をしましょう。

- 仲間の中から友達を見つける関係づくり
- 一人でいても平気な雰囲気づくり

一つ目に、**友達かどうかに関係なく他の人を大切にしたり、協力し合えたりする関係性を子ども同士で構築する**支援をします。教科の学習や学級活動を通して協働する場をたくさんつくります。協働する相手は意図的に変えていきます。活動の振り返りを丁寧に行うと、子どもたちがよりよい関係性を実感できます。そして、友達ではなくても仲間としてお互いを尊重し始めます。

そうすると、自然と気の合う相手や信頼できる相手が見つかり、友達は増えていくものです。信頼から芽生えた友情は、依存にはなりません。近くにいなくても、いつも一緒ではなくても不安にならず、こまめに連絡をとらなくてもつながりを感じることができます。

二つ目に、一人でいるか、それとも誰かといるかを子どもが選択できる環境を整えます。例えば、休み時間に普段は仲間とわいわい話すことが好きな子どもが、「たまには一人でゆっくり本でも読みたい」と思った時に周りを気にせず行動できる雰囲気をつくります。左の図のイメージです。子どもたちが他者を大切にすると同時に、他者を過度に気にしない環境をつくります。

一人で過ごすことも仲間と過ごすことも堂々と選択できる教室にする

**一人でいる孤独を消すと同時に、一人でいる自由を保障しましょう。**

学校は友達づくりを目的とした場ではありません。個人の自立と他者との協働の土台をつくる場です。担任として目的に沿った行動を意識すると、目的から外れた対応に腐心する機会が減ります。負担が軽くなり、大切なことに注力できます。

# 6 「みんな」をみんなにする

担任する学級の子どもたちに対して「みんな成長したね」と声をかけた時、その「みんな」は学級全員を指しているでしょうか。学級の子どもが「みんな仲がよいクラスです」と言う時や「みんな同じように思っています」という時の「みんな」は、本当に全員なのでしょうか。都合のよい「みんな」は、みんなではありません。文字通りみんなの居場所がある学級は、子どもと教師を楽にします。

## ▼「みんな」が疎外感や分断を生む

「みんな」という言葉は、便利ですが怖さがあります。具体的には、次の二点の問題を招く心配があります。

- **疎外感**…「みんな」の範囲から外された子どもは集団への帰属意識を低下させる
- **分断**…「みんな」で目指すゴールが非現実的で、学級が連帯できずに分断する

一つ目の問題は、「みんな」という言葉が疎外感を生むことです。例えば、子どもが担任に対して要望を出す時に「先生、何とかなりませんか？　みんなもそう言っています！」と言ったとします。この時の「みんな」が指すのは、文字通りの学級全員ではありません。発言した子どもに同調する複数の子どもたちを指します。

発言した子どもからすると、「みんな」と言えば説得力が増して要求を通しやすいという打算が働いたのかもしれません。もしくは、発言した子どもの視野が狭く、自分の見える範囲だけを「みんな」と称している可能性もあります。いずれにせよ、**「みんな」の範**

**囲から外れた子どもたちは疎外感をもちます。**

教師が「みんな」を使う時にも留意が必要です。「学級のみんなで協力しましょう」と言われても、一人残らず全員が協力するのは容易ではありません。その結果、子どもたちからすれば「みんなって言っているけど、どうせ無理だよ」とあきらめの念を抱きます。教師の呼びかけがむなしく響いて終わります。**協力につながるはずの「みんな」という言葉が分断を招きます。**

## ▼「この子」たちのつながりを大切にする

実態の伴わない「みんな」ではなく、文字通り学級のみんなを大事にするには、どうしたらよいのでしょうか。私は**「この子」を見る**ことが鍵になると考えます。

「この子を見る」とは、ぼんやりと学級を集団として捉えるのではなく、集団の成員である子どもを具体的に見るということです。顔を思い浮かべ、心の動きを想像し、一人一人の抱える背景を理解した上で、「この子」にできることを考えます。また、「この子」たちの連携を具体的に考えて、つながる機会を設けます。例えば、「Aさんは冷静に状況を判断できる。Bさんは行き当たりばったりのところはあるがフットワークが軽い。だから、

AさんとBさんにそれぞれのよさを伝え、困っていることを共有して、次の行事に向けて、Aさんを参謀役にしてBさんに前に出てもらおう」など、連携のパターンを考えます。

子どもの具体的な姿に注目して学級づくりを進めると、「みんな仲良く」といった空虚な言葉は減っていきます。仲のよさを越えて協力を始めるので、狭い認識の「みんな」ではなく、学級の全員を見ようとし始めます。

仲間や担任からの温かいまなざしは子どもに、「自分は学級で大切にされている」という実感を生み、安心感につながります。生徒指導上の問題を予防し、学級のために貢献したいという意欲につながります。その意欲を生かして活躍の場をつくると、子どもたちは力を合わせて前に出始めます。斬新な企画を提案したり、大人が感心するような動きを見せたりします。そうすると、担任の負担は結果的に減っていきます。担任として、**本気でみんなを大切にして、みんなと一緒に学級をつくる覚悟**を大事にしましょう。

担任として本当に全員を見て、こぼれ落ちる子どもをゼロにする覚悟をもつ

# 子どもの キャラを 決めつけない

7

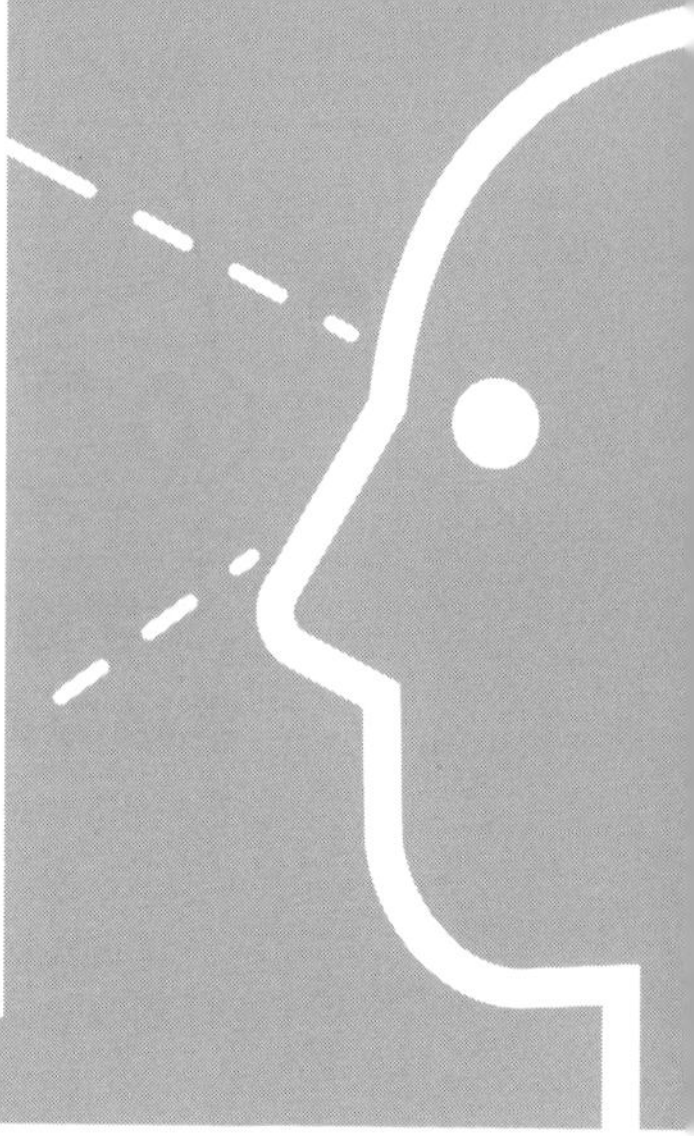

教師側が意図していなくても、学級での子どもたちの立ち位置が決められてしまうことがあります。盛り上げ役やリーダーなど、肯定的な評価をされる子どもだけではなく、いじられ役や反抗的な子どもなど、教師にとっては困った事例もあります。気を付けたいのは、リーダーなど「よい」と評価しがちな子どもを含めて、子どものキャラが固定化されると、学級経営が行き詰まる場合があることです。

## 子どものキャラを固定化すれば成長できない

学校における子どもたち一人一人の立ち位置は、流動的なものです。次のように状況によって変化します。

- **時間**…長期間の場合はもちろん、短い時間でも劇的に変化することがある
- **空間**…所属する集団や場面によって様子や求められる役割が変わる
- **仲間**…集団の顔ぶれによって積極性や行動パターンが変化する

一点目に、子どもは時間の経過で変化します。徐々に成長する場合もあれば、一つの経験をきっかけに大きく変わることもあります。変化の方向性はプラスだけではなく、非行など、教師から見るとマイナスな変化をすることもあります。

二点目に、空間によって子どもは変化します。例えば、授業では目立たなくても、学校行事になれば活躍できる子どもがいます。また、新年度になって学級が変わると、リーダーだった子どもが急に前に出なくなることなどもあります。

三点目に、集団内の関係性によって様子が変わります。例えば、友達といる時だけ元気に話す子どもがいます。誰かと一緒なら積極的な行動をとることができる子どもがいます。逆に、相性の悪い相手が学級にいるだけで、前に出ることを拒否する場合もあります。学級という狭い集団の中では子どもは自由に振る舞えず、他者の存在に左右されてしまうことがあります。それは、学級が安心して成長する場になりきっていないことを意味します。

子どもたちは、成長の過程にあります。そこで、学級での立ち位置が固定されて、「Aさんは優等生」や「Bさんはノリがよい」などのキャラが決まってしまうと、**成長の芽を摘むおそれ**があります。子どもの成長を妨げる学級経営は、あってはいけません。

また、無理に明るいキャラを演じなければいけない子どもや、優等生的な振る舞いを求められることにプレッシャーを感じる子どもがいる場合があります。無理が重なればトラブルの遠因になったり、学校に足が向かなくなる背景になったりすることがあります。

子どもの立ち位置は、教師が意図しなくても子どもたちの関係性の中でいつの間にか固まってしまうことがあります。それがリーダーなどの場合は学級経営に助かると感じて、固定化した役割に便乗するかもしれません。しかし、多様な成長の機会が潰されれば、あとあと苦労する心配があります。

## あえて真逆のキャラになる可能性に目を遣る

子ども自身が気付いていないような可能性を引き出すためには、あえて**「逆のキャラ」になるように目を向ける**とよいでしょう。例えば、「前に出ない子を前に出す」「自分勝手な子を献身的にする」などです。その鍵は、子ども同士の組み合わせにあります。

かつて担任をしていた時に、学級で発言力がある反面、集団で動くことに対して非協力的で、担任と距離を置くAさんがいました。番長やボス的な存在になる心配がある子どもです。子どもたちがチームになって学級で昼休みを使ったミニレクに取り組む時に、他者との関係づくりに長けたリーダーシップをもつBさんを入れ、Aさんにもチームに入るように要請しました。そうすると、BさんはAさんが活躍する場をつくって、力をうまく引き出してくれました。Aさんは学級に貢献することが「悪くない」と感じて、前向きな発言が増えて、ボスではなく、リーダーになりました。このように、子どものキャラを決めつけないことが、その子と学級のためになります。

子どものキャラを決めつけずに、他の子どもと連携する中で新しい可能性を探る

# 8 前に出ないリーダーを育てる

職員室で、担任の先生が「うちのクラスはリーダーが弱い」や「リーダーになることを期待したのに、今一つだなあ」と嘆く言葉を聞くことがあります。その時に、あきらめるのではなく、リーダー像を再考しましょう。前に出ないリーダーを育てる方向へ発想を切り替えると、子どもたちに対する見方が変わります。そして、前に出ないのは担任も同じです。イメージは「初めて自転車に乗る時の支え方」です。

## 複数のリーダーで学級を動かす

学級のリーダーと聞いてイメージするのは、学級委員長や運動会の団長、合唱コンクールの指揮者のように、教師に代わって他の子どもたちを力強く引っ張る姿かもしれません。しかし、子どもが前に出て他の子どもを導くのは、勇気が必要です。リーダーになるハードルが高すぎると、誰も挑戦しなくなり、リーダー不在の学級になります。

そこで、学級のリーダーを「他の子どもたちとかかわりながら、よい影響を与える存在」と考えましょう。そうすると、次のような役割を果たす子どもがリーダーになります。

- ・学級の副委員長のように人間関係を調整したり、計画を具体化したりするリーダー
- ・学習リーダーとして、小規模な集団で課題解決への議論や行動を仕切るリーダー
- ・率先垂範して背中で他の子どもたちを引っ張る優等生的なリーダー

一つ目のタイプは、調整や実務に長けたリーダーです。別のリーダーが判断するための情報を提供したり、ゴールに到達するために行動計画を立てたりします。

二つ目のタイプは、小さなグループのリーダーです。これらの小さなグループのリーダーが委員長的なリーダーを中心に横のつながりを強くすると、複数人で支え合いながら活動できます。

三つ目のタイプは、言葉ではなく行動で示すリーダーです。担任や他のリーダーが行動を取り上げて価値を学級全体で共有すると、期待する行動が学級で定着するきっかけになります。

教師でさえ、学級を一人でまとめるのは大変です。子どもたちに任せるなら、なおさらです。教師が期待する姿に子どもを当てはめるのではなく、**子どもの可能性に合わせて様々なタイプのリーダーを育てる**ようにしましょう。そして、リーダー同士がかかわり合う関係ができると、学級が子どもたちの手で運営されるようになります。

## ▼自転車の練習の付き添いのように担任をする

子どもたちがリーダーシップを発揮するのは、自治的な学級づくりの第一歩です。教師が過度に干渉したり、失敗させないように過保護になったりすれば、子どもたちの受け身的な意識が固まってしまいます。逆に、任せると言いながら何も手助けをしないと、放任になって子どもたちはうまく活動できません。適度な支援が欠かせません。

　担任として前に出ないようにしながら支援する際に、私は自転車のイメージをもつようにしています。子どもが補助輪を付けずに自転車に乗る練習をする時、励ましながら支えていた手をそっと放して、走り出すのを見守るイメージです。子どもが前に漕ぎ出している時に、後ろから声は掛けません。**感覚をつかんだ子どもは自分で前を向いて力強く進み出します。**ペダルを漕ぐほどに風を切ってぐんぐん進み、見える景色が変わります。その時に、手伝っていた大人は見守るだけになります。

担任として、初めての自転車を支えるような関係性をつくり、後押しをする

　子どもたちをリーダーとして育てる時も同じだと考えます。安全な環境を整え、安心できる関係性をつくった上で、最初はしっかりと支え、助言や励ましをします。子どもたちが結果を気にせずに挑戦を続けていると、ある時に学級をリードする感覚をつかみ、一気に成長を見せます。

　自治的な学級づくりは「これをすれば大丈夫」というものではありません。担任として、子どもの状況を見極めて挑戦を後押しすることが大切です。

# 第5章

# 「授業づくり」が軽くなる

# 1 今の授業の逆を想像する

何千回と授業を行っても、一つとして同じものはありません。子どもが違えば、その時間で得られる学びは変わります。その一方で、完全にオリジナルの授業は存在しません。授業づくりをする時には、これまで研究してきた内容に加えて、実際に経験した授業の影響を受けます。違う子どもたちに同じ授業を続けても、うまくいきません。「逆」を想像して授業改善の視点を見つけるようにしましょう。

## 授業づくりは経験が邪魔をする

若い先生の授業を見ると、チョークと黒板を使った一斉指導型のスタイルの場合があります。意外に感じて尋ねると、次のような答えが返ってきます。

- 自分自身が学生時代に経験した方法に合わせていて、他の授業のやり方を知らない
- 大学などで学んだ手法を試したが、うまくいかないので一斉指導にしている

一点目は、習ったように教える問題です。二点目は、新しい方法がうまくいかずに、「やりやすい」と感じる手法に戻る問題です。どちらの場合も、経験が少ないために昔ながらの手法を取り入れています。

若手ではなく、経験豊かな中堅・ベテランの場合は、授業のやり方が確立していて、毎年同じような授業をする場合があります。ワークシートなどは例年通りで、説明の時に言うギャグまで同じ場合もあります。

若手の場合も中堅・ベテランの場合も、自身の経験に沿って慣れた指導方法を選んでし

まうことがあります。しかし、それは目の前の子どもたちに合わせて選んだものではありません。経験が悪い方向に影響して、授業がうまくいかない原因になることがあります。何事も、経験をすれば上達するわけではありません。「授業はこういうものだ」という意識に縛られると、経験がかえって指導力を磨くことへの妨げになります。

## 逆の視点で発想を柔らかくする

経験に囚われずに授業の腕を磨くためには、逆の視点をもつことが大切です。特に、次の三つを意識しましょう。

①目指す子どもの姿の逆を想像する
②授業者として目指す姿の逆を想像する
③逆の手法での学習を想像する

①は、**目指す子どもの姿を考えた後に、その逆の姿を想像します。**例えば、「主体的ではない子ども」「協働しない学び」などです。どういう指導をすると、その逆の姿に子ど

もを近付けてしまうかということを考えると、ＮＧな教科指導の在り方が見えてきます。

②は、**授業者として目指したくない姿**をあえて想像します。例えば、子どものやる気を削ぐ言動をして、授業が行き当たりばったりで、子どもを馬鹿にして、子どもが納得のいかない評価を強引に行う……そんな教員にはなりたくないと思うはずです。そうすると、今の自分に「なりたくない姿」に近い要素はないか、点検する意識が働きます。

③は、**今とは逆の手法による教科指導**を考えます。例えば、教師の説明が多い授業の場合、「教師がひと言も話さない授業をするには、どんな方法があるか」と考えます。そうすると、子どもたちが話す場面のつくり方や、教師が口頭での説明をせずに学習内容の理解につなげる手法を考えやすくなります。

逆の視点を意識して
授業を改善する

以上のように逆の視点をもつと、授業づくりを様々な角度から捉えることができます。また、客観的な自己分析ができ、授業づくりの方向性が明確になります。そして、授業の改善の取組を具体化する時には、これまでの経験がプラスに働きます。逆の視点を意識して、柔軟な発想を引き出しましょう。

# 「この子」と「この子」たちの学びを想像する

## 2

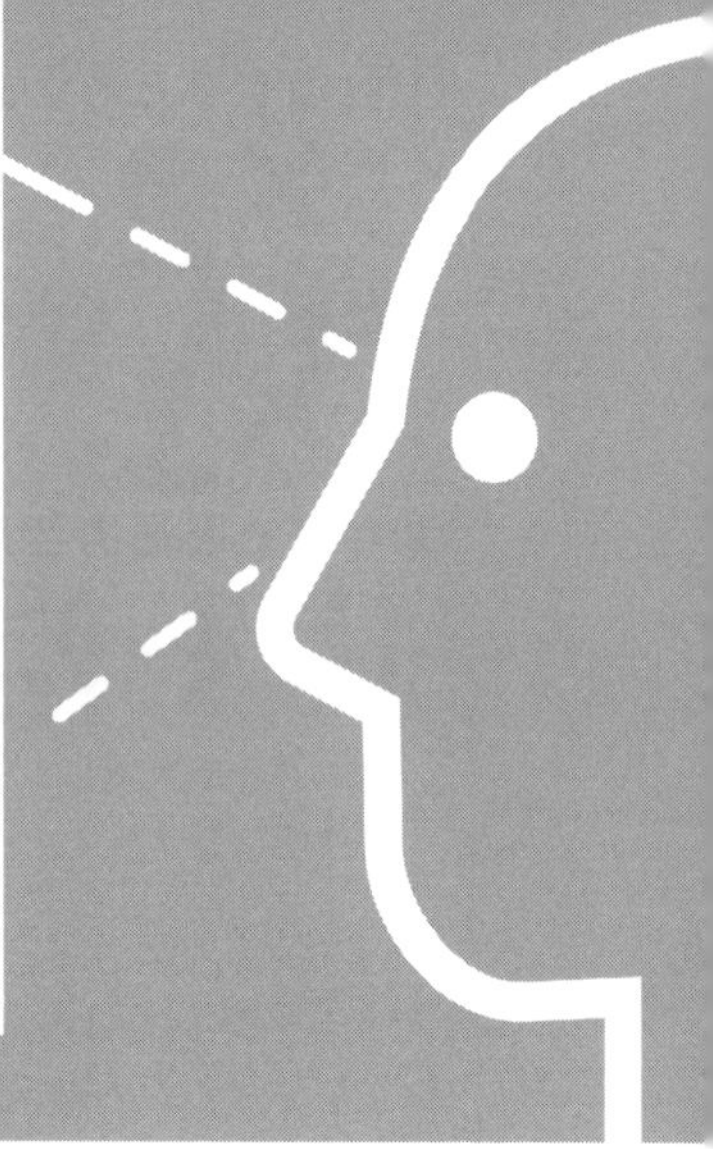

一人一人の子どもに応じた授業を準備しようとすれば、毎回授業の方法と内容を変える必要が生じます。とてつもない労力となり、忙しさに拍車がかかります。ポイントになるのは、学校の授業は一対一ではなく、集団で行うことにあります。集団で学ぶ難しさを乗り越えて、集団で学ぶよさを引き出すように授業づくりを進めます。目の前の「この子」たちの学びを促進する仕組みをつくって仕掛けを行います。

## 顔を思い浮かべて授業をつくる

子どもの実態に合わせた授業づくりは大切です。しかし、一人一人に合ったオーダーメイドの授業をすれば、準備の負担が重くなります。そこで、次のように**幅のある学習**をデザインしましょう。

- **複数のゴール**…ねらいから外れないようにしつつ、段階を分けてゴール設定をする
- **ルートと同行者の選択**…学び方や一緒に活動する仲間を選択できるようにする
- **進むための道具の選択**…必要な情報や思考の助けになる手段の見通しをもたせる
- **現在地を知るGPS**…教師による形成的評価と子どもの自己評価を仕組み化する

このように選択肢を設けると、子どもの実態に合わせやすくなります。ただし、選択肢が多いと迷う子どもがいるため、形成的評価による支援は欠かせません。

また、選択肢からはみ出る場合もあります。その際は、一人一人の子どもの傾向を把握して、その子に合った手立てを示しましょう。学習面だけではなく、学校生活の様子を含

めて「この子」を具体的にイメージして、状況に合わせて支援します。例えば、次のような形です。

- **授業者の意図を汲んで考えようとする**→模範になるが忖度の心配もある
- **苦手意識が強く参加を嫌がる**→簡単な活動から入り、仲間とペアを組むように促す
- **計画や流れを気にせずぐいぐい動く**→「ここは外さない」ポイントを共有する
- **他の人が動き出すまで様子見をする**→具体例や先に動いた人への注目を促す
- **すぐにマイナス発言をする**→心配な点に気付いていることを評価する

これらは一例に過ぎません。授業づくりでは、担当する子どもの顔を思い浮かべて思考の流れを具体的に想定しましょう。

## 想定をして柔軟に対応する

一人一人の子どもの学びの姿に加えて、子どもたちが**一緒に学ぶことで相互に与える影響について想定をします。**例えば、対話で次のような様子が見られるかもしれません。

・「何を言うか」より「誰が言うか」に左右される
・意見に対して批判が出ると、自分自身が否定されたように受け止めてムキになる
・他者の意見に刺激を受けて、独創性のある意見を出すことができる

どのような様子であっても、対話の目的を明確にし、根拠となる事実を確認するなど、論理的に考える基本の型を守るようにします。また、**他者から意見を引き出す学習リーダー**を複数育てると、仲のよさに左右されずに仲間と一緒に活動できるようになります。

学習展開の予想を立てていても、想定通りにいかないのが授業です。具体的な想定をしつつ、実際に目にした学びに対して柔軟に動きます。

具体的な学びの姿を想像しつつ，実際の学びには柔軟に対応する

そうすると、子どもたちがいてもいなくても変わらないような一方通行の授業や、子どもたちを没個性的な群衆のように扱う授業から脱出できます。かけがえのない「この子」たちにスポットライトが当たるので、授業がうまくいき、充実感が負担感に勝ります。

# 教材研究が授業準備を軽くする

# 3

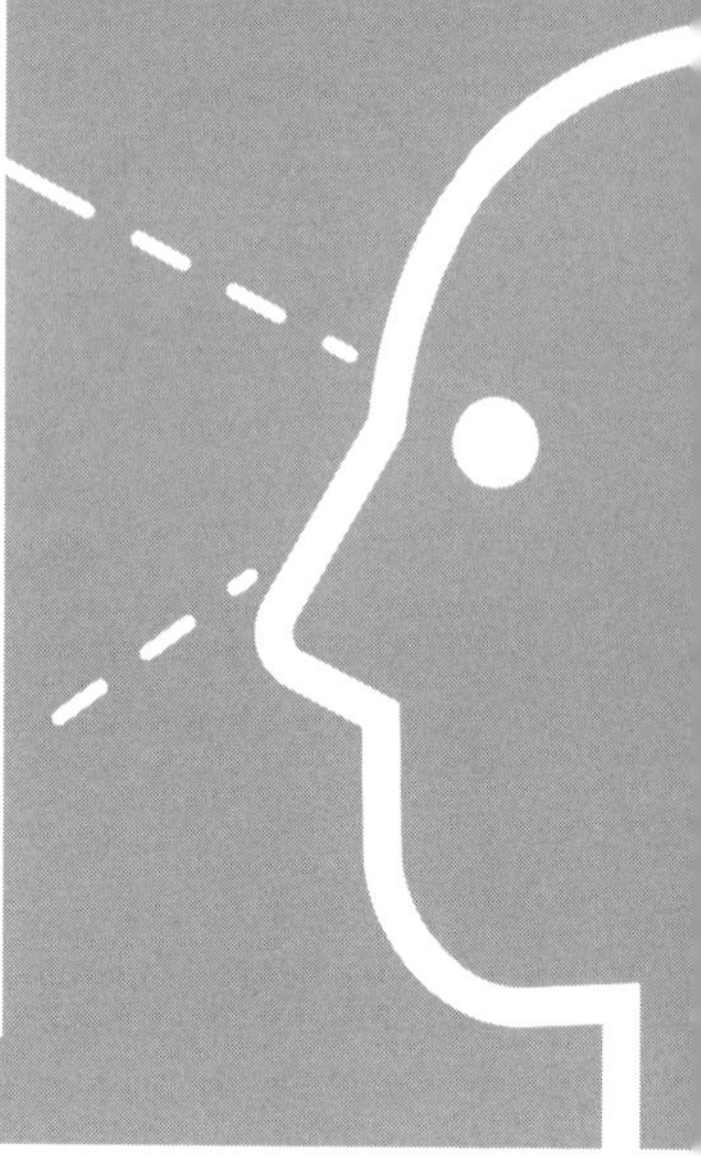

ほとんど空き時間がない状況で、毎日の授業準備をするのは本当に大変です。本腰を入れて教材研究をする時間は、なかなか見つけることができないかもしれません。しかし、教材研究をすることで、実は授業準備が楽になります。基本の理論が身に付けば、あとは単元の目標・内容と子どもたちの実態に応じて手法を考え出せばよいからです。ポイントになるのは、子どもの力を引き出す工夫です。

## 見方・考え方を鍛えるような教材研究をする

若い時を振り返ると、授業準備で最も時間がかかったのは、ワークシートや説明用のスライドの作成でした。ワークシートに資料をたくさん載せて、授業の度に点検したり、少しでも子どもの興味を引くようにスライドを作り込んだりすることに力を入れていました。

毎日の授業準備に追われていましたが、子どもたちのプラスになっていたかどうかは、怪しいところです。「授業がわかりやすい」「説明が面白い」と評価される一方で、授業についていけない子どもがいたからです。また、子どもたちが自ら考えて表現したり、仲間と議論して課題解決につなげたりすることが不十分だったからです。

教師主導の授業を続ける限り、同じような負担が続きます。そして、負担の割に子どもの成長という結果にはつながりません。そこで、子どもたちが学び方を学べるように、学習をデザインし直しましょう。そうすると、最初は負担でも、軌道に乗れば一気に楽になります。そして授業がより楽しくなります。

学び方を学ぶ鍵になるのが「**見方・考え方**」です。見方・考え方は子どもたちが思考をする時の視点や方法を指します。子どもの見方・考え方を鍛えると、困難な課題にも対応できるようになります。子どもは**学ぶ楽しさを実感し、自分の力で考え、仲間と議論をかみ合わせることができる**ようになります。教材研究では、次のような工夫をしましょう。

①見方・考え方の種類を具体化して、掛け合わせるパターンを想定する
②見方・考え方が働く条件とつまずくポイントを明らかにする
③見方・考え方が働くような問いや資料、形成的評価の方法を考案する

一点目は、見方・考え方を具体化することです。社会科の歴史であれば、思考の視点として時期や年代、推移、比較、関連などがあります。思考の方法としては、時代の特色や時代の転換の様子を多面的・多角的に考察したり、歴史に見られる課題を見出して解決に向けて議論したりします。さらに、この思考の視点と方法を掛け合わせるといくつものパターンができます。一年間の学習の中で計画的に見方・考え方を鍛えるようにします。

二点目に、子どもによって見方・考え方の得意・不得意があります。また、資料や問いとの相性もあります。教材研究によって、それらの傾向を把握します。

三点目に、一人一人の子どもが授業の中で見方・考え方を働かせるように準備をします。

問いや資料の着目点、形成的評価の方法など、思考の流れを具体的に想定します。見方・考え方は汎用性があるので、基本的な学習のスタイルが確立すれば、単元や学級の実態に合わせた調整をするだけで応用できます。最初の負担は大きくても、毎時間の授業を一からつくるわけではなくなるので、準備が軽減されます。

## ▼授業でスポットライトを当てる子どもを絞る

子どもたちを鍛えることで授業準備は楽になりますが、毎時間ですべての子どもを見るのは大変です。そこで、各時間で**スポットライトを当てる子どもを絞る**ことを勧めます。四十人学級でも、毎回五人に着目すれば、二〜三週間で全員にスポットライトが当たります。学習展開の中で「AさんとBさんの対話を取り上げると思考が深まりそうだ」とか「Cさんはつまずいているけど、資料の読み取りを支援すれば面白い考えを出せそうだ」など、学びの状況に応じて注力する相手を決めて、活躍できるように支援しましょう。

「本日の主役」として注目する子どもを絞り、毎回変える

# 4 細部にこだわらずに具体を見る

授業づくりでこだわりをもつことは、教科の教員免許をもつプロとして大切なことです。ただし、あらゆることにこだわるだけの時間はありません。優先順位を付ける必要があります。その時に、基本となる学習のスタイルにこだわるのは当然として、次にこだわるべきは細部ではありません。具体です。細部と具体をはっきりと区別して具体にこだわることで、授業づくりの負担が減って楽しさが増します。

## 授業の細部ではなく子どもの具体を見る

授業づくりで細部にこだわろうとすると、主に内容に目が行きます。社会科であれば、発問や説明を一言一句まで考え抜いたり、資料の選定だけではなく提示するタイミングや編集の必要性を検討したりするなどです。それは、毎日の授業づくりだけではなく、教材研究につながります。ただし、授業の準備をするという視点から考えると、細部にこだわることはプラスにならない場合があります。次の二つの問題が生じるからです。

一点目は、時間的な問題です。毎時間の授業で細部までこだわろうとすると、勤務時間内に授業づくりを完了させるのは不可能になります。負担が増えて心身が疲弊すれば、生き生きと授業をするのが難しくなり、準備した成果を発揮しづらくなります。

二点目は、教科指導の内容に目がいく問題です。学習展開の細部を詰めることは、研究としては問題ありません。しかし、**毎時間の授業で内容にこだわりすぎると、授業に参加する子どもたちへの意識が薄れる**危険があります。また、「これだけ準備したのだから大丈夫だ」と過信するおそれもあります。万全の準備をしたつもりで自信をもって授業に臨んでも、子どもの反応はよくなかったという失敗を、私は何度も経験しています。

毎日の授業づくりで優先すべきことは、目の前の子どもたちの学びです。授業の細部よりも、一人一人の子どもの学習に対するニーズや、授業の中で子ども同士が相互に影響を与える関係性に注目しましょう。

## 見えていない学びの姿を具体化する

授業で子どもの具体を見るために、あらかじめ視点を定めておきます。事前の準備・授業の最中・事後の振り返りの各場面で、次の視点をもちましょう。

- **事前に予測する力**…事前の準備で、これまでの学びの姿から子どもの姿を予測する
- **授業での想定外の事態に柔軟に対応する力**…つまずきや脱線に即興的に対応する
- **振り返りを受け止めて改善する力**…子どもの振り返りを授業改善に生かす

一つ目は、事前の準備では子どものこれまでの学習を参考にして、これからの学習での様子を予測することです。一人一人の子どもに対する理解に加えて、**学習履歴**を活用します。ICTの普及によって、学習履歴のデータは豊富に蓄積され、分析も容易になりまし

た。教師としての勘だけに頼らず、データを基に根拠のある予測をしましょう。

二つ目は、授業の最中は想定外の事態に固まったり、頑なになったりしないことです。ライブ感を楽しみましょう。**子どもの学びを合わせて目標達成へといざなう**ためには、問い返しや形成的評価の技術や、子どもに選択肢を提示する引き出しの多さが求められます。

三つ目は、振り返りで子どもたちの意見を授業の改善に生かす視点です。私は毎時間、授業の内容と方法の両面について、子どもに振り返りを書いてもらいます。オンラインフォームを使うと、即座に集計できます。**振り返りの結果を子どもたちに開示すると、振り返りの文章量が徐々に増え、振り返りの視点がどんどん鋭くなります。**子どもからの評価をおそれずに、子どもの声を聞くのを当たり前にしましょう。

予測・即興・改善の視点で子どもの具体的な学びを見る

以上の三つの視点は、単元を問わずにどの授業でも役立つ汎用性があります。私は社会科・道徳・特活・総合で実践してきましたが、教科や領域を問わずに、子どもの具体的な学びの姿を理解する一助になりました。学習を通して子どもを知ることが、負担を軽減して学習の質を上げる効果を生みます。

授業づくり

# 5 型にはめずにオーダーメイドする

授業について、自分なりのスタイルを確立したいという思いは、よくわかります。試行錯誤の上で「うまくいった」と感じた授業の方法を得意技にするのは、悪いことではありません。しかし、必要以上に型にこだわると、うまくいきません。授業づくりにおいて、型は不完全な方がよいと考えます。子どもたちがオーダーメイドで学べるように、学習の選択肢を数多く保障し、組み合わせることがポイントです。

## 余白と余地のある型をつくる

この十数年で「〇〇スタンダード」と呼ばれるような学習規律や授業の基本形を決める学校がずいぶんと増えました。しかし、授業を担当する教師が違い、学習する子どもが異なる以上、教師側の手応えがなく、子どもたちの反応が鈍い場合もあります。

また、私は初任の時に先輩から教わった方法を丸ごと真似して授業をしたことがあります。その先生の授業がとても面白かったからです。しかし、私が試すとうまくいきませんでした。子どもの違いもありますが、当時の私には学習の流れに応じた調整や、子どもの学びに合わせた支援ができていませんでした。うわべの形だけを真似て、教室の子どもたちがきちんと見えていませんでした。

授業の型を確立しようとする姿勢は否定すべきものではありません。しかし、一つの型にこだわって、どんな子どもにも通用すると考えるのは間違いです。基本の型を固めつつ、**余白と余地**を意図的につくりましょう。

余白と余地のある授業とは、具体的にどのようなものでしょうか。私は次の二点の要素が欠かせないと考えます。

・**余白**…学習デザインにあそびをもたせる
・**余地**…最適な学習を目指して改善の余地の可能性を追究し続ける

余白とは、学習方法や段取りをすべて事前に決めるのではなく、**流れに応じて弾力的に運用する部分**を用意することです。例えば、社会科では事前に発問や資料がすべて印刷されたワークシートを使うことがしばしばあります。しかし、今は一人一台端末があるため、すべての資料を事前に用意する必要は必ずしもありません。

また、道徳の授業などでは、ワークシートに発問を事前に書かず、子どもたちの意見によって発問を変えることがよくあります。教師の授業の引き出しの多さと、流れの見極めが余白のある学習デザインのポイントです。

余地とは「私の授業の型はこれでばっちり」と思わずに、改善を続けることです。ポイントは、**最高よりも最適を目指す**ことです。目の前の子どもたちに合った学習の型を追い求めます。子どもの実態を的確に捉える力が求められます。また、子どもたちからの授業評価をおそれずに、自身の実践を批判的に振り返る姿勢が求められます。

## 子どもの手によるセルフオーダーを目指す

学びに余白や余地がないと、子どもの負担になります。服でたとえると、着るのがきつい服を無理やり着れば苦しくなります。逆にダボダボの服を着れば、物足りなくなります。学習で合わない方法を押し付けても、負担の割に成果は出ません。

また、一人一人の子どもに合った授業を一からつくるのは教師の負担が重く、現実的ではありません。型に合わせるのも、完全に自由にするのも、どちらも問題があります。

そこで、いくつものパターンから組み合わせたものを用意します。服のオーダーメイドのように授業をつくります。大切になってくるのは、**採寸**です。学習で言えば、診断的評価と形成的評価です。

オーダーメイドの服のように
子どもに合う学習を探る

体形に合わせて服を変えるように、一人一人の子どもの学習状況に合わせて学習方法を選択しましょう。

最終的に目指すのは、子どもの手による学習デザインです。子どもが多様な学習方法を身に付け、自己分析を基に**学びのセルフオーダー**ができるようにしましょう。

# 6 一時間の授業で勝負しない

「授業は毎日が真剣勝負」と考える人もいるかもしれません。公開授業は、多くの場合は一時間の授業を見てもらうのが一般的です。しかし、中学の社会であれば、一年間に授業は一〇〇以上あります。毎回の授業はたしかに大切ですが、もっと大切なのは一年間を通して子どもの資質・能力を育むことです。単元を貫く学習をデザインすると、心に余裕をもちながら、より充実した学習につなげることができます。

## 単元を貫くと負担が減って質が上がる

私は今年で教職に就いて一九年目ですが、これまで一万回以上の授業を行ってきました。その中で、同じだった授業は一つとしてありません。だからこそ毎時間の授業を大切にする必要があります。ただし、一時間の授業で勝負せず、単元全体の学びを充実させることが大切だと考えます。単元を貫いた学習には、次の効果があります。

- ・単元内で配分を調整しやすいため、一時間の授業の中で焦らずに済む
- ・数時間にまたがる内容をまとめて構成し直すことができる
- ・単元を貫く学習課題でより大きなテーマを扱うことができる
- ・子どもが関心のある問いとじっくり向き合って追究できる

一点目と二点目は、カリキュラム・マネジメントに関する効果です。数時間のまとまりで学習を構成することで、学習の実態に応じて調整をしやすくなります。もし授業の流れが教師の予想から外れた場合も、焦らずに対応できます。

三点目と四点目は、学びの質に関する効果です。単元を貫く学習課題を設定することで、例えば「『中世は○○の時代』の○○に、あなたならどのような言葉を入れるか」といった難しい課題に取り組めます。また、子ども自身が問いを立てて時間をかけて追究しやすくなります。**一時間で勝負をせずに長い目で学びを考える**ことで、余裕が生まれます。

## ▼単元を貫くと毎日の授業がより重要になる

逆説的ですが、単元全体を重視した学習にすると毎回の授業の重要度が増します。なぜなら、**毎時間のゴールが見えづらくなり、子どもの間で進度や成果の差が生じやすい**からです。その対策として、次の三点を大切にします。

- 学びが持続するような課題を設定する
- 単元を貫く学習課題の解決に向けた行程をはっきりさせて小さな成果を可視化する
- 子どもの学びの差について、程度の差は埋めて質の差は生かす

一点目は、単元を貫く学習課題の質を上げることです。長い期間にわたって学びが持続

するようにします。**単元を貫く課題は「はっきり（明確性）・深まり（専門性）・広がり（多様性）・つながり（接続性）」**を満たすようにします。単元全体を重視した学習は、毎時間の準備に追われる負担は減る分、単元が始まる前の準備が重要になります。

二点目は、単元を貫く学習課題については、最終的な課題解決の姿だけではなく、課題解決へのステップを明確にします。そこで重要になるのが、単元の導入と毎時間の振り返りです。子どもが「どこに向かって進んでいるのか」と「今日はどこまで進めたか」を把握できるようにします。小さな成果を大切にします。

三点目は、子どもに対する教師の支援の仕方です。学習の様子を把握し、迷子になりそうな子どもに対する手助けをします。ただし、手取り足取り教えると、子どもは学び方を身に付けません。「どういう情報があればよいかな？」「何がわかる（できる）ようになりたいかな？」などの問いかけをしましょう。また、子どもが学習課題から外れているように見えても、遠回りでもより深いゴールを目指している場合があります。その見極めが大切です。

子ども一人一人のゴールへの歩みを支援しながら、単元のねらいの達成に迫る

# 7 判定ではない評価をする

授業に関して「評価」という言葉を出すと、教師も子どもも少し表情が硬くなる時があります。子どもにとっては「評価＝成績」というイメージが強いのが正直なところです。それは保護者も同じです。教師にとっては現行の学習指導要領の学習評価に難しさを感じて、拒否反応を示す場合があります。判定を下すための評価ではなく、現状を捉えて改善につなげる評価を意識すると、気持ちが楽になります。

## 評価をブラックボックスからガラス張りにする

授業に関する評価と聞いて、気持ちが重くなる人も多いことでしょう。それは教師だけではなく、子どもたちも同じです。**他者を評価するのは、重い責任を伴います。**また、他者から納得のいく評価をされなければ、意欲が下がります。

教師は評価をするのが大きな仕事です。それは総括的評価として学習の成績を付けることだけではありません。子どもが学習目標に到達するように形成的評価をすることも含みます。いずれの場合も、評価には次の四つの要素が求められます。

- **有効性**…評価が指導の改善や学習の改善に役立つ
- **明瞭性**…評価のねらい、評価基準、評価方法が明確に示されている
- **的確性**…基準に沿って的確に評価し、子どもの資質・能力を正確に測る
- **具体性**…子どもの具体的な学びに対して、数値や言葉で具体的に評価する

この四つを教師が意識するだけではなく、事前に子どもたちと共有することが大切です。

また、教師が一人で決めるのではなく、他教科を含めた教職員間である程度共通した評価基準をつくることも大切です。

評価は、かつては点数だけという一面で捉えられることがありました。逆に、「授業態度」というあいまいな基準によって、授業での子どもの言動を統制しようとする問題もありました。**評価をブラックボックスにせず、子どもの資質・能力を的確に評価するためにガラス張りにしていきましょう。**

そうすると、子どもや保護者は評価に納得を得やすくなります。教師にとっても、評価に関する後ろめたさがなくなり、自信をもって子どもたちを評価できるようになります。

## ▼学びのＧＰＳとして評価を機能させる

教師としては的確に評価をしたつもりでも、子どもが評価に納得をしないことがあります。その原因は、子ども自身が学習の現状を認識していないことにあります。その状況でいきなり教師から評定を示されれば、「もっとできているはずなのに……！」と不満を抱くことになります。それは子どもの責任というより、教師の責任の部分が大きいと考えます。子どもに対して学習の現在地を捉える方法を示していないからです。子どもが学習目標に対する現在地を**GPSのように把握して、目標に到達する道筋を見つける**方法として、学習評価を機能させましょう。そのためには、次の三点が重要です。

- **共有**…単元の学習の評価基準を明確にして、子どもたちと共有する
- **具体化**…成果物の例を示し、学習の成果を具体的に評価する手段をつくる
- **改善の支援**…教師が学習の改善につながるように、評価基準に沿った助言をする

評価に関する子どもたちの不安は「何がどう評価されるかわからない」という点にあります。一方、教師が心配なのは「学びの姿をどう評価してよいか迷う」という点にあります。そこで、評価に関する情報を共有し、評価方法を具体化し、目標に到達するための支援を丁寧に行います。そうすると、評価に関するトラブルを未然に防止できます。**教師が評定を出さなくても、子どもが自身の評価を的確に行える力を育てる**と、評価の負担が軽くなります。

評価を学びのGPS
として機能させる

授業づくり

# 8 脱線に価値を見出す

授業をしていると、教師の思い通りに進むことはほとんどありません。学びの主役は子どもなので、教師の思い通りにいかなくて当然です。学習が脱線しそうな時に、授業を妨害する意図があるならば、修正する必要があります。しかし、悪気なく学習の方向性から外れた意見や動きが出た場合は、学びを深めるチャンスです。否定せずに脱線を学びの分岐点として生かすと、授業がぐっと面白くなります。

## 脱線を分岐として捉える

授業では、教師も子どもも、脱線を楽しむことがあります。卒業生と話をしていると、授業で覚えているのは学習内容と関係のない雑談だったり、何気ないひと言だったりします。それは、普段と異なるので印象に残りやすいからです。

だからと言って、雑談を許容すれば学習目標に到達できません。大切なのは、他の子どもの学習の妨げになる脱線は修正する一方で、脱線を学習内容に生かす方法を探ることです。脱線の生かし方として、次のような方法があります。

- ・「それってどうかかわりそう?」と問い、脱線の内容を本来の学習内容とつなげる
- ・「どこに注目した発想なの?」と問い、脱線にかかわる発想を学習方法に生かす
- ・「もっと面白い課題にできそうかな?」と問い、学習課題を設定し直す

一点目は、脱線した内容と学習内容の接点を探ります。例えば、道徳で学校を舞台にした物語教材を扱っている時に、今日の給食の話で脱線したとします。その時に、「この登

場人物は、このままの関係なら給食の時間にどんな話をするのだろうか？」など、雑談と内容項目を関連付けた発問に変える方法があります。

二点目は、脱線した内容には触れずに、発想に着目する方法です。例えば、社会科の授業の最中にチームプレイで取り組むゲームの話で脱線したとします。それに対して「この課題を解決にするのに、ゲームのようによい連携とダメな連携があるとしたら、具体的にはどんなものだろうか？」と問う方法があります。

三点目は、脱線に合わせて学習課題を修正する方法です。例えば、歴史の織田信長の学習で「織田信長ってかっこいい」という発言が出たことがありました。そう思った理由を確認すると、ゲームでのイラストを思い出した発言でした。そこで、元々は「織田信長はどのような人物だろうか？」という課題でしたが、「織田信長がかっこいいイラストになるのはなぜだろうか？」と課題を再設定しました。歴史的事象が後世の人々に与える印象について考えるきっかけとなり、学習が充実しました。

以上のように、**目を凝らして脱線の中に潜む価値を発見しましょう。**そして、**学習目標を念頭に置いて問い返す**ことで、学習が一気に深まります。脱線を敵視せずに、目の前の子どもたちと一緒に授業をつくるチャンスとして捉えましょう。

## ▼面白がると余裕が出る

授業の準備を綿密にするほど、準備した流れから外れることを嫌がるかもしれません。拒否反応を示したくなる気持ちはわかります。しかし、授業は子どもたちの言葉と動きで進みます。教師の思い通りにはいきません。授業の主役は子どもです。

逆に、万全の準備をしたつもりでも、教師の想定を超える言動が出たら、それを面白がりましょう。**「そういう考えもあるか」**や**「こんな反応が出るなんてユニークだなあ」と前向きに受け止める**ことが大切です。

子どもの発想を否定せずに受け止めて評価することで、教師としての視野が広がり、余裕が出てきます。「そうきたか……よし、どう生かそうか」と考えを巡らせながらコミュニケーションを図りましょう。「この子」たちとの授業がもっと楽しくなります。

脱線と感じた子どもの言動を面白くなるチャンスと捉えると、余裕が出てくる

# 第6章

# 「キャリアのプレッシャー」が軽くなる

キャリアのプレッシャー

# 1 今の環境にプライドをもてばブランド化できる

教師として何かに秀でた部分を身に付けたいという願いは、現場で苦しんでいる人ほど真摯に願うことかもしれません。また、職場の先輩や同僚のすごさに触れて「この人のようになりたい」と思う経験は、若い時ほど多くあるでしょう。キャリア形成で大切にしたいのは、他者が築いたブランドに飛びつかないことです。今の環境にプライドをもって働き続ければ、自分なりのブランドをつくることができます。

## 誰かの作ったブランドに憧れない

「すごい先生になりたい」という気持ちを出して誰かの作ったブランドに憧れると、心身の負担が増すことがあります。なぜなら、欲望には際限がないからです。

例えば、「いつか本を出したい」という目標をもつとします。執筆の機会を得て、本を出せたとします。それで満足できるでしょうか。次は「もっと売れたい」「もっと本を出したい」と思うかもしれません。**欲望に限度がなくなり、意識は子どもからどんどん離れていきます。**それは、学校で日々接する子どもたちのプラスになるのでしょうか。「本を出す先生」というブランドに憧れているだけで、よりよい教育をすることにはつながりません。自戒を込めて、そう感じます。

また、職場などで出会った「すごい」と感じる先生を目指したいと考えたとします。その先生の言葉や動きを真似しても、その先生のようには成果が出ないかもしれません。形だけを真似ても、その先生が見えている世界や、言葉の奥にある信念がわからなければ、劣化コピーになってしまいます。

他にも「校長になりたい」「ＳＮＳで人気者になりたい」なども同じです。わかりやすいものに飛びついても、教師としての力量は高まりません。もちろん、他者に憧れるのは悪いことではありません。目標を立てて成長するきっかけになります。

しかし、何らかのステータスを得ることを追い求めると、目の前の子どもと向き合わなくなります。自分の足元が見えないために、現場ではつまずきやすくなり、結果的に望む地位を得ることはできません。

## ▼プライドをもって自分をブランド化する

教師としてのキャリア形成として大切にしたいのは、ブランドではなくプライドです。次の三つの視点で、教師としてのプライドをもちましょう。

- **理解者としてのプライド**…この子たちのことは一番わかっているという自負をもつ
- **最前線に立つプロとしてのプライド**…現場だからできる実践をしている矜持をもつ
- **仲間としてのプライド**…同僚と共に困難に立ち向かう誇りをもつ

一点目は、学校で預かる子どもたちのことを理解しているという自負です。一人一人の子どもに対する理解は、保護者には敵いません。しかし、集団としての子どもたちの姿を一番よくわかっているのは、私たち現場の教師です。

二点目は、学校現場の最前線で奮闘している矜持です。教育の専門家は大学や行政にもいますが、最前線で子どもたちとかかわることができるのは、学校にいる私たちです。

三点目は、困難な状況にも同僚と共に立ち向かう誇りです。職員同士が助け合い、子どもの成長をあきらめずに粘り強くかかわっていることに自信をもちましょう。

遠い世界で活躍する人は、キラキラして見えると思います。それと対比して、学校現場は大変な仕事に溢れていて、地味に見えるかもしれません。しかし、泥だらけになって働くと、目の前の子どもたちが特別な存在であると気付きます。同僚のキラリと光る姿、保護者や地域の方々の温かさなど、今の環境の価値が見えてきます。現場でのかけがえのない経験が宝物になります。

現場での経験の中に秘められた価値を見出す

**目の前に広がる世界の価値**に気付けば、現場で働くことにプライドをもてます。子どもたちと特別な経験をしているという自負をもち、自分をブランド化しましょう。

# 2 肩書きと偉さは関係ない

教師として実績を残したいと思う機会に比べると、「偉くなりたい！」と思う機会は少ないと思います。偉そうな振る舞いを嫌がったり偉そうな人になりたくないと思ったりすることがあるかもしれません。その場合、「偉さ」として管理職や指導主事などの肩書きの偉さをイメージしているのだと思います。しかし、偉さの質の違いに着目すると、教師として望む形でキャリアを築くことにプラスになります。

## 偉さの違いを見極める

偉さには、質の違いがあります。偉さを感じる理由と、偉い人と自分の関係性によって、次の三つに分けられます。

- **肩書きの偉さ**…役職の高さに対して感じる偉さ。自身が下で対象を見上げる。
- **行為の偉さ**…価値ある行動に対して感じる偉さ。自身が上で対象を下に見ている。
- **生き様の偉さ**…功績や人格に対して感じる偉さ。自身と対象が同じ場にいない。

一点目は、**肩書きの偉さ**です。管理職など立場が上の人を「偉い人」として認識します。関係性としては、下の立場から上を見上げる形です。個人ではなく、立場に伴うもので、特徴としては「定年すればただの人」という言葉の通り、肩書きがなくなると偉さもなくなります。また、この偉さを重視すると、上ばかり見て目の前の子どもを見なくなるおそれがあります。

二点目は、**行為の偉さ**です。誰かの行動に対して思わず「偉い！」と言う場合が当てはまります。その言葉を口にする時の状況を想像すると、目上の人に対しては「偉い！」とは言わないはずです。学校だと、子どもに対して「偉いね」と言う場合があります。関係性としては、上の立場から偉いかどうかを判断しています。信頼関係が弱い場合は、「偉い」と言えば、「何を偉そうに」と反感を抱かれるおそれがあります。

三点目は、**生き様の偉さ**です。偉業を成し遂げた人に対して抱く感情が当てはまります。「自分にはできない」というあきらめの気持ちが生じる場合があり、関係性としては遠くから見ているイメージです。あるいは、別世界のように捉えている可能性もあります。

このように「偉さ」には違いがあります。教師としてのキャリア形成のポイントになるのは、最後に紹介した生き様の偉さだと考えます。

## ▼生き様を追って生き様を背中で語る

生き様の偉さに注目する時に大切なのは、結果ではなく過程を見ることです。偉業を成し遂げた人は、失敗を含めてたくさんの経験を積み、努力を重ねてきたはずです。大きな壁にぶつかった時に、工夫して乗り越えたからこそ、尊敬に値する生き様を見せているのではないでしょうか。

職場でも同じです。「かっこいい」と感じる生き様を貫く同僚に出合った時に、同じ成果を出すのは難しいと思います。しかし、その同僚の**生き様を追う**ことはできます。努力する姿を真似てみましょう。努力の内容を真似る必要はありません。「この人のようにはできないけれど、自分なりの方法で努力しよう」と考えることに意味があります。

努力をしても、すぐに結果は出ません。しかし、教師としての武器や技は増えます。力量は徐々に高まります。力量が高まれば、様々な実践で成果が出始めます。その時には、他の同僚が「生き様の偉さ」を感じてくれるような教師になっているかもしれません。

偉さの質を分類し、生き様の偉さを追い求める

偉そうにするのは控えるべきですが、偉くなることを目指すのは悪いことではありません。肩書きの偉さではなく、他者から「偉い」と思われる**生き様を背中で語り**ましょう。

謙虚さは大切ですが、努力を見せるのを恥ずかしがる必要はありません。より優れた教師を目指す気持ちが、子どもたちによりよい教育を行うことにつながります。子どものためと自分のためを両立するように働くと、心の負担が軽くなり、努力することが楽しくなります。

# 3 普通のキャリアは平凡ではなく王道である

特別な存在になりたいという欲求は、悪いことではありません。向上心と結び付けば、自己の研鑽につながります。しかし、同時に忘れてはいけないのは、教師が特別な仕事であるということです。本を出版するとか、教育系のインフルエンサーになるとか、特殊なキャリアを目指さなくても、とても価値のある仕事です。「普通の先生」として歩む道が王道であると気付くと、視界がパッと明るくなるはずです。

## 普通が王道になる

教師は「普通が一番」という言葉が当てはまる職業だと考えます。それは、高望みをしなくてよいという意味ではありません。教師の仕事は、次の二点で特殊な仕事です。

- **環境の特殊性**…誰もが経験する学校という場で子どもの教育に携わる
- **業務の特殊性**…仕事の裁量権が非常に広いため、工夫の余地が大きい

一点目は、学校という**環境の特殊性**です。ほぼすべての人が学校に通う経験をします。そのため自身の経験に照らし合わせれば、学校への意見や教育に対する考えを誰でも語ることができます。それが教育の面白さであり、大変さでもあります。

二点目は、教師という業務の特殊性です。公立学校の場合、公務員でありながら**業務の裁量権がとても大きい**特徴があります。学習指導や学級経営の内容や方法を、一人の教師がかなり自由に選択できるのは、すごいことです。ただし、かなり自由にできる反面、準備に手間がかかり、責任も重大になります。それを負担に感じる場合もあるでしょう。

これらの二つの特殊性がある故に、クレーム対応に悩まされたり、あれもこれもと肥大した業務に疲弊したりする問題が起きます。教師の仕事は大変です。しかし、**目の前の子どもたちが特別な存在であるのと同じように、「普通の先生」として働き続ける私たちも、特別な役割を果たしています。**その役割に誇りをもちましょう。「普通」であることが、教師としての王道を進むことになります。有名な教師を目指す必要はありません。学校でかかわる子どもたちにとって、かけがえのない存在になることに価値があります。

## 普通の道を歩み続けることで学校の可能性が見えてくる

学級経営や生徒指導がうまくいかなかったり、職場の人間関係や保護者対応で悩んでいたりすると、「普通が一番と言われても、慰めにもならない」と感じるかもしれません。その時に、環境を変えなくてもできることがあります。裁量の大きさを生かして自分の武器を見つけることです。

例えば、私が担任をしていた時には、学級通信と学級会を武器にしていました。社会の学習では、子どもが見方・考え方を働かせる仕組みと仕掛けに力を入れていました。どれも、多くの先生方がすでに実践していることですが、自分なりの工夫を重ねるようにしました。そうすると、学級通信や学級会を活用して、自治的な学級経営が徐々にできるようになりました。また、社会科教育では見方・考え方を働かせるという視点で、発問の工夫や効果的な対話の仕方、子どもの学びの流れに合わせた形成的評価などができるようになりました。学級経営でも教科指導でも、子どもの成長を実感できる場面が増えました。そうすると、もっと工夫をしたくなります。つらいことがゼロになるわけではありませんが、現場で働くことの面白さが見えてきます。このように、教師としての武器を使いこなす技を磨くと、**「普通」が平凡ではなく王道に変わります。**

教師としての王道を一歩ずつ進む姿を見ている人は、必ずいます。それは子どもたちであり、保護者であり、職場の同僚です。王道が孤独な覇道にならずに、同じ道を進む仲間ができます。別の道からも応援してくれる人たちが出てきます。インフルエンサーにならなくても、他者に影響を与えることはできます。外の世界を羨む前に、足元に広がる世界に目を向けましょう。**学校現場の豊かな可能性が見えてきます。**

普通の道を堂々と進めば王道になり、
道を進む仲間が増えていく

キャリアのプレッシャー

# 4 憧れるなら真似しない

職場で活躍する先輩に憧れて真似をしたいと感じたら、いったん立ち止まりましょう。憧れるのは悪いことではありません。教師としての具体的な目標ができます。ただし、憧れの先輩を真似すると、教員生活が逆に苦しくなるかもしれません。憧れの人と同じことは、簡単にはできないからです。真似るのではなく、憧れの人の視界を想像しましょう。そして、自分の武器で勝負しましょう。

## 憧れの人と別の部分で勝負する

「こんな素敵な先生になりたい！」という憧れをもつのは、向上心を刺激して努力するきっかけになります。ただ、真似をしてみると、次のような壁にぶつかることがあります。

- **二番手の不利**…憧れの先生と同じことをしても追いつくのは容易ではない
- **自身との相性**…憧れの先生の手法が自分に合っているとは限らない
- **子どもとの相性**…自分が担当する子どもに対して通用するとは限らない

第一に、先駆者には簡単には追いつけません。第二に、真似したい手法が自分に合っていないことがあります。例えば、私は柔らかい雰囲気と言われることがあります。そんな私が子どもをぐいぐい引っ張る学級経営をしてもうまくいきません。第三に、子どもとの相性があります。以前担任した学級でうまくいっても、次は通用しないかもしれません。

そこで、憧れる気持ちは大切にしながら、憧れの人とは違う方法で工夫を図りましょう。

私が学級経営で憧れる先生は、子どもたち一人一人に熱く語りかけて、子どもの心に火を灯す先生です。しかし、私にはそこまでの力はありませんでした。そこで、子どものがんばりを学級通信で伝えることを考えて、記事ごとに子どもにスポットライトを当てました。また、学級会を通して子どもたちが熱く語り合う関係性をつくるようにしました。

教科指導では、話術で面白くする先生に憧れましたが、私にはそんなトーク力はありません。そこで、練りに練った発問と、鋭い問い返しをする技を磨きました。また、子どもたちが様々な学習形態で意見を交わす仕組みを整えました。そうすると、教師が全体に話をしなくても、「社会の授業は面白いから楽しみ」と言う子どもが増えました。

このように、**憧れの先生がいても同じ土俵で勝負せず、自分の武器を磨きましょう。**そうすると憧れの先生とは違う形で、キラリと輝く部分がある教師に近付きます。

## 真似るのは目と耳にする

自分の武器を磨くと言われても、どうしたらよいかわからないことがあると思います。その時は、憧れの人を真似します。ただし、真似るのは方法や活動などのやり方ではなく、そのやり方の背景にある「教師としての目と耳」です。

教師としての目とは、憧れの人が見ている状況を想像し、その**状況を見るための視点や**

**視座、視野を自分のものにする**ことです。例えば、優れたミドルリーダーや管理職は、視座を意識的に高くして全体を見ることができます。また、子どもだけではなく視点を変えて保護者の立場から考えたり、視野を広げて地域の課題と学校の課題を結び付けたりすることができます。その見方を真似しましょう。

教師としての耳とは、**心の声を聞く姿勢**をもつことです。もちろん心の声を直接聞くことはできないので、子どもの様子から察します。「子どもに寄り添う」という言葉がしばしば使われますが、本気で寄り添う第一歩が、子ども自身が言語化できていない声を聞くことです。

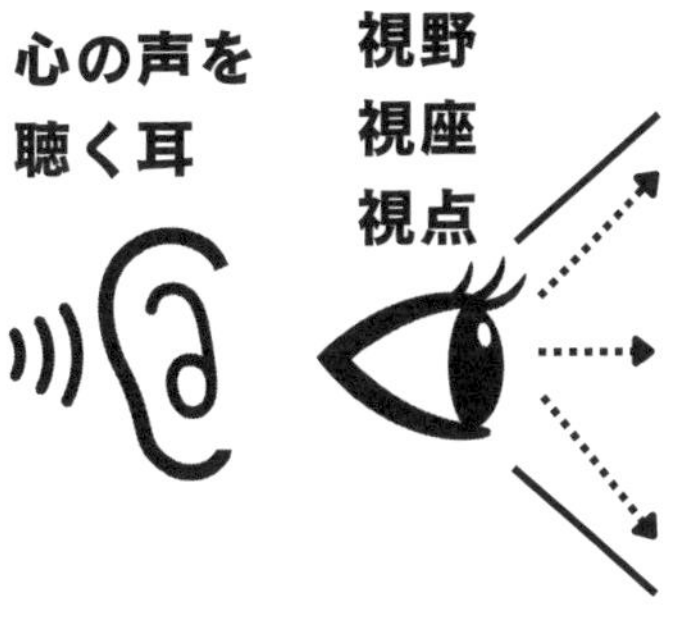

憧れの人の「目」と「耳」を真似る

憧れの先生の手法をコピーするのではなく、憧れの先生のもっている目と耳という資質・能力に近付くことを意識しましょう。そうすると、自分なりの手法を見つけることができます。子どもの見えにくい姿が見えて、声なき声が聞こえていると、同じ手法でも成果が変わります。仮にうまくいかなくても、次の対策をひらめきやすくなります。教師としての目と耳を鍛えると、心が軽くなります。

キャリアのプレッシャー

# 5 焦りを感じたらデータを探る

主任や主幹に管理職など、教員の役職は様々です。また、指導主事になったり、大学の附属学校や私立の教員になったり、教育系の民間企業に転職したりする人もいます。なかには起業する人もいます。華やかに見える道に進む人たちが視界に入ると、「自分も何とかしなければ」と焦ることがあるかもしれません。しかし、焦る必要は全くありません。焦りや嫉妬を受け止めて、自分の道を進みましょう。

## ▼焦りの裏側を正直に見つめる

校内で「このポジションは自分がしたい！」と思っていたのに、人事で別の人が担当になると、もやっとすることがあるかもしれません。また、同世代の人が出世したり、大きな研究大会で活躍したり、行政や民間に引っ張られたりすると、賞賛の気持ちの陰に「よいなあ……」「自分だって……」という気持ちが芽生えることがあるかもしれません。

人間誰しも、負の感情を抱くことはあります。他者のキャリアに対する嫉妬や、自身のキャリアプラン通りにいかない焦りが生じた時に、次のように感情をいったん受け止めて、前向きな気持ちに変えましょう。

**①自己分析**…焦りや嫉妬の裏側にある気持ちを正直に見つめる
**②目標の再設定**…他者の道を羨むのではなく、自分が進むべき道を探る

まずは「どうしてこんな気持ちになるんだろうか」と自問して、**自己を客観視**することを試みます。思い通りにいかないもどかしさや、自分の努力を他者が認めてくれない悔し

さなど、背景が見えてきます。

次に、自分だけの経歴を重ねるために、どのような道を進むべきか、自分自身に**問い直します。**キャリアのゴールを再設定しましょう。その時に、主任や指導主事などの肩書はゴールにしません。「どんな教師になりたいか」を大切にしましょう。「困っている子どもに寄り添う教師になりたい」「授業を通して子どもができることを増やしたい」「組織的に教育をする集団をつくりたい」など、具体的な姿をイメージすると、前向きになります。

## ▼客観的なデータと主観的な自己分析を掛け合わせる

焦りを感じた時に、自己分析と合わせて重視するのが客観的なデータです。次のようなデータを見るようにしましょう。

- ・置かれた環境に関する統計的なデータや事実かどうかの裏付けがあるデータを探る
- ・「すごい」とされる他者の事実を取り出して解釈し、キャリア形成の参考にする

一点目は、**統計的なデータ**を大事にすることです。例えば、不登校対応でうまくいかな

いことがあるとします。しかし、統計を見れば校種を問わず、全国的に不登校が増えていることがわかります。簡単に解決する問題ではないと気付きます。このように目の前の状況だけを見て視野が狭くなっている時は、データを探すようにすると、冷静になることができます。

また、**事実の裏付けを探る**ことも大切です。例えば、SNSで「教員をしながら副業して月に○○万円！」や「教員を辞めて起業したら休みが増えて収入倍増！」などの投稿を目にします。これらは、ファクトチェックが全くできません。キラキラしたものが人工的なものか、それともありのままのものか、見極める目をもちましょう。

すごい人を客観的に分析して、自分の武器にする

二点目は、**他者を客観的に分析する**ことです。例えば、「すごい先生」と言われる人を分析します。まずは事実を取り出して解釈します。そうすると、目の付け所や思考法など、すごさにつながるポイントが見えます。そのポイントをよい意味で盗み、自分に合った形でアレンジしましょう。他者の成功を羨む気持ちがなくなるくらい、自己の成長につながります。

# 6 運のよさを信じる

私は何度か「どうやったら先生みたいに本を出せるのですか？」と聞かれたことがあります。その時は「運がよかったからです」と答えます。これは謙遜ではなく、心から思うことです。私よりすごい実践をしている人は、たくさんいます。運に恵まれました。ただし、運のよさだけで終わらせると、キャリア形成にはなりません。運のよさをきっかけに、見えてきた道を自分の足で進みましょう。

## ▼運のよさを認めると気持ちが楽になる

どれだけ力量のある先生が担任しても、学級崩壊をすることがあります。保護者と丁寧にコミュニケーションを図ることができる先生でも、クレームに悩んで体調を崩すことがあります。職員を組織的に巧みに動かす力をもつ先生でも、管理職や同僚との人間関係に苦しみ、実力を発揮できないことがあります。

逆に、巡り合わせがよくて名が売れることもあります。私もそうです。よく「本を出すなんてすごいですね」と言われることがあります。しかし、本を出すのはすごいからではなく、本を出す機会に恵まれただけだと私は考えます。

教師としての力量を磨くことは大切ですが、力量を高めれば、いつでも幸せに働くことができるとは限りません。つまずいた時は「運が悪かった」と考え、うまくいった時は「運がよかった」と考えた方が、気持ちが楽になります。特に、自分の運のよさを信じると、前向きになるきっかけができます。恵まれていることへの**感謝の気持ちが芽生えて、視野がパッと明るくなります。**

ただし、運のよさや悪さだけで開き直って終わらないようにします。不運を嘆きつつ、

**不運な状況をしのぐ技**を身に付ける努力をします。幸運に感謝しつつ、**次の幸運を引き寄せる実践**を構想して実行します。

「うまくいく人は、それだけの努力をしている」という考えがあります。たしかにそういう面はあります。ただし、運がよくてうまくいく場合もあります。大切なのは、運のよさを認めて、謙虚に努力を続けることです。「ここまでがんばったら、最後は運頼みだ」と開き直りつつ、運も実力もある教師を目指しましょう。

## ▼開けた道の先を切り拓く

自分の運のよさを信じると同時に、運がよかっただけにならないように努力します。努力の方向性として勧めるのは、運のよさで開けた道を切り拓きながら歩み続けることです。具体的には次の通りです。

- **道を進む**…周りからの支援を得ながら、運よく結果が出た分野を極める努力をする
- **道を広げる**…結果が出た場での発想や関係性を生かして、新しい分野に挑戦する

一点目が、**運のよさで開けた道をまっすぐに進む**ことです。例えば、公開授業が大成功したとします。それは、実は授業者のがんばりよりも、一緒に計画をつくった先生方や、子どもたちのがんばりのおかげかもしれません。しかし、その経験を生かして教材研究や学級づくりを工夫し続けると、様々な学級で素敵な授業ができるようになります。

二点目が、**運のよさで結果が出た時の発想や、築いた人間関係を別の面に生かす**ことです。例えば、私は社会科教育や学級経営の発想を校務に生かしています。社会科の「効率と公正」の見方・考え方を働かせて業務改善を図ったり、学級会で活発に議論する仕組みを生かして学年部会を運営したりしたことがあります。また、道徳の研究で知り合った先生と、社会科やＩＣＴでも一緒に勉強をするなど、人とのつながりを生かして新しい分野に挑戦しています。

運よく開けた道の先を進んだり、ノウハウを生かして新しい道を開拓したりする

学校は、人と共に、人を育てる場です。だからこそ、一人で苦しいと感じる時も、きっと応援してくれる人がいます。**人との出会いを幸運として捉え、運を手放さない努力をしましょう。**

# あとがき

あとがきのページを開いていただいた読者の皆様、本当にありがとうございます。私はこのページを書いている今、ほっとしているのが率直な気持ちです。本書の執筆について、実はプレッシャーがありました。その理由は二つあります。

一つ目の理由は、私自身、余裕があるように見られている自覚に乏しかったからです。テーマにふさわしい内容になるのか、不安がありました。ただ、仕事に関しては、忙しくてもイライラせずに笑顔でいることを意識しています。また、抱える業務の価値を見出し、できる限り面白がることを大切にしています。これらの働き方の根底にある見方や考え方を言語化して、読者の方々に伝わるように書き進めました。

プレッシャーを感じた二つ目の理由は、管理職になったことです。主幹の時より業務量と責任が増す上に、慣れない業務で執筆の時間を確保する見通しをもちづらい状況でした。しかし、逆に締め切りを守って書き上げれば本書の内容に説得力が増すと考え直し、チャンスだと捉えることができました。結果的には、締め切りに間に合わせることができました。これも、家族を始め、校長先生や教育委員会の方々が応援してくれたおかげです。ちなみに、勤務時間外の在校時間は、今年度の四月からずっと月四十五時間以内を維持しています。教頭としては少ない方だと思います。

様々な方々の支えがあり、無事に本書が完成してほっとしています。そして、本書に興味をもって手に取り、このページを読んでいただいている方がいることに、感謝の気持ちでいっぱいです。

本書を読んでいる内に「自分だってがんばっているけど、現実にはそんなうまくはいかない」と感じた人も、きっといると思います。そんな時は本書の最後の項目のように、運のよさを信じてください。人との出会いを幸運だと思ってください。もし、周囲に助けになる人がいないと感じるなら、私にお手伝いできることがあれば、声をかけてください。XでもFacebookでも、相談相手になります。本書のタイトル通り、忙しくてもなぜか余裕な私です。時間と心には、まだ余裕があります。

さて、本書は私にとって十三冊目の単著です。一冊目からすべて担当していただいているのが、明治図書出版の大江文武さんです。最初に出した本は『豊富な実例ですべてがわかる！中学校クラスが輝く365日の学級通信』（明治図書出版、2018年）でした。

かれこれ、七年以上お世話になっています。このように著書を出す機会に恵まれているのも、すべて大江さんのおかげです。

本書のコンセプトについては、かなり悩みました。ビジネス書にありそうなテーマですが、内容は学校現場だから書けるもの、学校にかかわる皆さんに役立つものになるように心がけました。そして、タイトルについてもいくつかキーワードを出しました。これまでの単著の中で、コンセプトを決めるまでに最も時間をかけたかもしれません。

最終的に大江さんのアイデアで『忙しくてもなぜか余裕のある先生にだけ見えていること』となりました。タイトルを見た瞬間に衝撃が走るくらい、面白いと感じました。それと同時に「タイトル負けせずに書くだけの経験と技量があるだろうか……」と身の引き締まる思いでした。

そこで、これまでの教員人生を振り返り、うまくいかなかった経験や運よくうまくいった経験を思い出すことにしました。そして、大切にしてきたことの中から伝えるべき内容を絞り言語化しました。読者の皆様が「おお、そういう見方もあるか……けっこう面白い」と感じていただける内容になっていると幸いです。そのように思える一冊に仕上がったのも、大江さんのアイデアとご助言のおかげです。この場を借りて、厚く御礼申し上げます。

教育書では「在り方」に関する本と「やり方」に関する本があります。前者は教師としての心構えに重きを置き、後者は実践的な内容が中心です。本書は、在り方とやり方をつなぐ「見方」と「考え方」に焦点を当てました。学習指導要領では、各教科や領域における見方・考え方が重視されていますが、この発想は私たちの仕事にも生かせるものです。本書が、読者の方々がご自身の見方・考え方を働かせるきっかけになるとうれしいです。

私が目指す学校の姿は、担任時代から変わりません。温泉のような場にすることです。心がほっとする居場所、心地よい汗をかいて元気になる手段、普段は言いづらいことも話せる空間……学級をそんな場所にしたいと考えて、子どもたちとかかわってきました。管理職になった今は「職員室の担任」として温泉のような職員室、そして温泉のような学校を目指しています。本書を手にした方々は、私にとって「温泉仲間」です。心に余裕をもって、子どもたちも教職員も伸び伸び過ごせる場としての学校が増えることを願っています。

川端　裕介

二〇二四年一〇月

**【著者紹介】**

川端　裕介（かわばた　ゆうすけ）

北海道八雲町立野田生中学校教頭。

1981年札幌市生まれ。北海道教育大学札幌校大学院教育学研究科修了（教育学修士）。NIE アドバイザー。マイクロソフト認定教育イノベーター（MIEE）。社会科教育では，平成24年度法教育懸賞論文にて公益社団法人商事法務研究会賞，第64回読売教育賞にて社会科教育部門最優秀賞などの受賞歴がある。また，学級通信を学級経営に活用し，第13回「プリントコミュニケーションひろば」にて最優秀賞・理想教育財団賞，第49回「わたしの教育記録」にて入選などの受賞歴がある。

［主な著書］

『豊富な実例ですべてがわかる！中学校クラスが輝く365日の学級通信』（2018），『川端裕介の中学校社会科授業』シリーズ（2021～2022），『教師の ON/OFF 仕事術』（2021），『学級リーダーの育て方』（2023），『図解＆フローチャートでわかる　中学校社会科教材研究のすべて』（2024），『子どもを「その他大勢」にしない学級づくり』（2024），いずれも明治図書出版。



忙しくてもなぜか余裕のある先生にだけ
見えていること

2024年12月初版第１刷刊　Ⓒ著　者　川　端　裕　介

発行者　藤　原　光　政

発行所　明治図書出版株式会社

http://www.meijitosho.co.jp

（企画）大江文武（校正）江﨑夏生

〒114-0023　東京都北区滝野川7-46-1

振替00160-5-151318　電話03（5907）6701

ご注文窓口　電話03（5907）6668

＊検印省略　組版所　日本ハイコム株式会社





Printed in Japan　ISBN978-4-18-227829-7